APPRENDRE LA PAIE

CRÉER UN BULLETIN DE SALAIRE SUR EXCEL

Le mode opératoire pas à pas pour créer un bulletin de paie fonctionnel

(Trames, formules, explications et exercices de test et de vérification)

Édition mise à jour au 11.11.2021

S. ORIA

Ce livret va vous permettre de créer votre trame de bulletin de salaire sur un tableur classique.

Le démarrage d'une formation dans le domaine de la paie peut s'avérer complexe du fait de la densité des informations à assimiler et à traiter.

Une trame de bulletin fonctionnelle est donc indispensable pour assurer des bases saines et faciliter l'apprentissage des nombreuses autres notions que vous rencontrerez tout au long de votre formation.

Il va bien entendu de soi que construire une trame opérationnelle, c'est avant tout ne pas griller les étapes ; il est donc **très important** de ne pas essayer de vouloir tout intégrer à votre bulletin avant d'avoir une base efficace et fonctionnelle, ou vous risqueriez de passer à côté des bons mécanismes, tout en vous heurtant à des dysfonctionnements difficiles à corriger a posteriori, lorsque trop d'éléments ont été mal greffés.

J'insiste donc sur le fait que, pour ne pas finir avec une trame bancale, sur laquelle vous seriez obligés d'intervenir trop souvent manuellement pour en corriger les failles, au risque d'ailleurs de commettre énormément d'erreurs, il est capital d'être dans un schéma progressif et organisé.

Cela est également indispensable pour vous donner toutes les chances d'intégrer les bons réflexes et vous permettre de ne pas perdre le fil.

Nous allons donc créer un bulletin qui gérera parfaitement tous les traitements de base ; cela signifie que sur certaines zones nous traiterons la notion dans son schéma classique. Je vous indiquerai toujours explicitement dans des notes particulières quelles sont ces zones et comment vous pourrez les approfondir, a posteriori, au fur et à mesure de vos apprentissages des notions et modes de calculs.

Une fois cette trame en place, vous disposerez de l'outil et des cheminements nécessaires pour pouvoir moduler les éléments et inclure à vos bases tout ce que vous souhaiterez automatiser par la suite.

Afin de rendre la compréhension la plus facile et universelle possible, cette trame a été imaginée afin de pouvoir être réalisée par tous ; **le niveau de connaissance de base sur Excel sera donc amplement suffisant.**

Tout a été pensé avec des formules et tableaux simples, sans imbrications, macros ou fonctions complexes ; quiconque saura donc utiliser les fonctionnalités basiques d'un tableur sera en mesure de mener à terme la création de cet outil.

Quelque soit votre besoin, qu'il s'agisse de créer intégralement votre support, ou simplement de disposer d'une base vierge pour l'alimenter de vos propres calculs, ou bien encore de vous permettre de compléter votre trame existante sur des zones que vous ne seriez pas parvenus à automatiser, dans tous les cas ce livret vous fournira les éléments nécessaires à la mise en place d'une base saine et opérationnelle.

Le but étant par ailleurs d'exposer ici le principe même du bulletin et de ses contenus, et de les rendre accessibles à tous, l'accent n'est absolument pas mis sur l'exploitation de toutes les fonctionnalités du tableur ; il sera donc bien entendu tout à fait possible a posteriori aux personnes ayant une maîtrise élevée dans ce domaine, d'optimiser les performances et les centralisations.

Excel est en effet un outil suffisamment complet ; il offre à ce titre de très nombreuses possibilités pour développer une automatisation extrêmement intéressante des traitements de paie (et c'est d'ailleurs un travail très enrichissant et captivant que je vous encourage à mener au plus loin de vos possibilités, le résultat d'une création personnelle étant toujours d'autant plus efficace).

Pour terminer, ce livre à destination pédagogique étant avant tout voué à être exploitable par tous, les cheminements, développements et explications sont volontairement décortiqués et menés au pas à pas, afin de permettre aux apprenants tous niveaux d'aboutir au résultat : les personnes plus chevronnées sur Excel pourront donc sans problème passer les modules explicatifs.

Nous pouvons à présent commencer.

Sommaire

ÉTAPE N°3 – SAISIE ET EXPLICATIONS DES FORMULES DE CALCULS

ÉTAPE N°4 – TESTS DE VÉRIFICATION DE VOTRE TRAME (exemples de bulletins auxquels votre trame doit vous permettre d'aboutir)

ÉTAPE N°1

Création de la trame vierge

Commençons par un petit rappel de la présentation générale du bulletin de salaire ; celui-ci se décompose en 5 grandes zones comportant chacune des informations obligatoires et des informations facultatives *(rappel du Livret 0 ÉTUDE DE CAS CORRIGÉE – Débuter en paie(…))*.

I-1) – <u>LES 5 GRANDES ZONES DU BULLETIN DE SALAIRE</u> :

Le bulletin de salaire se décompose en 5 grandes zones qui sont les suivantes :

- **ZONE N°1** qui présente les éléments d'identification : données employeur et salarié, période de traitement et de paiement du salaire.

- **ZONE N°2** dans laquelle sont indiqués tous les éléments composant le salaire brut : salaire de base, primes diverses soumises à charges, absences et leurs indemnisations le cas échéant, avantages en nature, réintégrations fiscales éventuelles etc…

- **ZONE N°3** qui présente le détail et les totaux de toutes les cotisations, salariales et patronales ainsi que les allègements éventuels

- **ZONE N°4** qui définit les divers éléments du NET A PAYER : le net imposable, le net à payer avant PAS (dont la taille de caractère doit être 1.5 fois supérieure à celle utilisée pour les autres lignes du bulletin, afin de respecter les normes de présentation fixées par l'administration fiscale), la rubrique « Dont évolution de la rémunération liée à la suppression des cotisations chômage et maladie », les primes, versements et réintégrations de bas de bulletin, le calcul du PAS, le net à payer.

- **ZONE N°5** qui reprend les divers cumuls : **ici, pour une question de confort dans votre lecture, afin que les bulletins corrigés restent lisibles à l'édition,** je n'ai retenu que les totaux des versements et allègements employeurs. En effet, les autres cumuls mensuels et annuels qui paraissent généralement en bas de bulletin (cumuls des bruts, du plafond de sécurité sociale, du net imposable, du PAS…) ne présentent pas de difficulté de traitement particulière (s'agissant de simple additions de mois à mois), contrairement aux allègements et totaux employeurs qui eux varient techniquement dans leurs calculs en fonction des situations.
J'ai donc privilégié pour cet ouvrage et les suivants à la fois un visuel optimal (difficile à obtenir sur ce type de format standard à la publication) et à la fois la mise en relief des éléments liés directement à la technique de paic, mais vous pouvez de votre côté tout à fait prévoir sur vos trames ces informations supplémentaires ; malgré le fait qu'elles ne fassent pas partie des mentions obligatoires (voir ci-après), elles sont souvent portées sur les bulletins.

BULLETIN DE SALAIRE

EMPLOYEUR	SALARIE		
Nom:	Nom:		
Adresse:	Prénom:		
	Emploi:		
	Matricule :		
N°Siret:	**Coeff./Indice**	**Niveau**	**Echelon**
Code APE:	N° de S.S.:		
URSSAF:	Adresse:		
Convention Collective			
	Entrée	Sortie	
Date de paiement :	Contrat	Statut	
PERIODE DU :	**AU**		

	Base	Taux	
Éléments de la rémunération (salaire de base, primes, heures supplémentaires, réintégrations, IJ etc...)			
....			
	SALAIRE BRUT TOTAL		0,00

COTISATIONS ET CONTRIBUTIONS SOCIALES	BASES	RETENUES SALARIALES		CHARGES PATRONALES	
Plafond S.S. du mois		TAUX	MONTANTS	TAUX	MONTANTS
SANTE					
Sécurité Sociale Maladie, Maternité, Invalidité, Décès HORS Als	SB TOTAL	0 ou 1,50%		7 ou 13%	
Complémentaire santé	Selon énoncé	Selon énoncé		Selon énoncé	
Prévoyance	Selon énoncé	Selon énoncé		Selon énoncé	
ACCIDENT DU TRAVAIL-MALADIE PROFESSIONNELLES	SB TOTAL			Selon énoncé	
RETRAITE					
Sécurité Sociale Vieillesse plafonnée	Tranche A	6,90%		8,55%	
Sécurité Sociale Vieillesse déplafonnée	SB TOTAL	0,40%		1,90%	
. Retraite complémentaire Tranche 1	Tranche 1	3,15%		4,72%	
. Contribution d'Equilibre Général CEG sur tranche 1	Tranche 2	0,86%		1,29%	
. Retraite complémentaire Tranche 2	Tranche 1	8,64%		12,95%	
. Contribution d'Equilibre Général CEG sur tranche 2	Tranche 2	1,08%		1,62%	
. Contribution d'Equilibre Technique CET sur tranches 1&2	T1+T2	0,14%		0,21%	
(uniquement si SB > PMSS)					
. Supplémentaire selon contrat	Selon énoncé	Selon énoncé		Selon énoncé	
. Cotisations statutaires ou conventionnelles	Selon énoncé	Selon énoncé		Selon énoncé	
FAMILLE	SB TOTAL			3,45 ou 5,25%	
ASSURANCE CHOMAGE (y compris AGS)	TA + TB			4,20%	
. APEC (cadres)	TA + TB	0,024%		0,036%	
AUTRES CONTRIBUTIONS DUES PAR L'EMPLOYEUR	Variable			Voir détail	
AUTRES CONTRIBUTIONS DUES PAR L'EMPLOYEUR	Variable			8,00%	
AUTRES CONTRIBUTIONS DUES PAR L'EMPLOYEUR	Variable			Autres taux forfait social	
CSG DEDUCTIBLE de l'impôt sur le revenu	98,25% du SB **sur part du SB<4PMSS** (ensuite 100% du SB) +cot.patr.prévoy.& santé	6,80%			
CSG/CRDS NON DED. de l'impôt sur le revenu		2,90%			
		SOUS-TOTAL	0,00		0,00
ALLEGEMENT DES COTISATIONS					
	TOTAL COTISATIONS		0,00		0,00
	NET IMPOSABLE				0,00

Éléments de bas de bulletin (indemnités, primes non soumises, acomptes, réintégrations, avantges, IJ, TR, saisies etc...)

NET A PAYER AVANT IMPÔT SUR LE REVENU					**0,00**
	Dont évolution de la rémunération liée à la suppression des cotisations chômage et maladie				0,00
Impôt sur le revenu	Base	Taux personnalisé	Taux neutre		**Montant**
Impôt prélevé à la source sur salaire	0,00				0,00
				NET A PAYER EN EUROS	**0,00**

Allègement de cotisations patronales		Total versé par l'employeur	Coût global employeur
Tous allègements hors allègement sur maladie	Allègement sur maladie	0,00	0,00
0,00	0,00		

Vous pouvez consulter la rubrique dédiée au bulletin de paie sur le portail www.service-public.fr

LES MENTIONS OBLIGATOIRES, FACULTATIVES ET INTERDITES DU BULLETIN DE SALAIRE :

Les mentions obligatoires du bulletin de paie

Identification de l'employeur
* Nom
* Adresse
* Établissement dont dépend le salarié
* Code APE
* Numéro SIREN
* Convention collective applicable

Identification du salarié
* Nom
* Emploi
* Position dans la classification conventionnelle (niveau, coefficient hiérarchique...).

Durée du travail
* Période de travail
* Nombre d'heures payées au taux normal
* Nombre d'heures payées à un taux majoré, avec indication du ou des taux de majoration : (majorations pour heures supplémentaires, travail de nuit, travail du dimanche, travail sur un jour férié…)
En cas d'application d'une convention individuelle de forfait (en heures sur une base hebdomadaire ou mensuelle, ou en heures ou en jours sur une base annuelle), mention obligatoire de la nature et du volume du forfait.
* En cas d'activité partielle, le nombre d'heures indemnisées
* Contrepartie obligatoire en repos (information à porter sur le bulletin de paie ou dans un document annexe).

Congés payés

* Date des congés et montant de l'indemnisation correspondante

Rémunération

* Date de paiement
* Nature de la base de calcul du salaire lorsque, par exception, cette base de calcul n'est pas la durée du travail. Cela concerne par exemple les salariés rémunérés à la tâche, les pigistes, les VRP...
* Nature et montant des accessoires de salaire soumis à cotisations (primes soumises, avantages en nature, prise en charge des frais de transport domicile-travail, complément de salaire versé en cas de maladie…)
* Montant de la rémunération brute
* Nature et montant des versements et retenues autres que les charges sociales.
* Somme effectivement reçue par le salarié (net à payer)

Charges sociales

Le bulletin doit présenter plusieurs mentions et rubriques relatives aux charges sociales, à savoir :

- L'assiette, au taux et au montant des charges salariales
- L'assiette et au montant des charges patronales
- Les allégements de charges patronales ou salariales
- L'assiette, au taux et au montant du prélèvement à la source (PAS)
- Le salaire qui aurait été versé en l'absence de PAS
- Le total versé.

Conservation

* Mention invitant le salarié à conserver le bulletin de paie sans limitation de durée.
* Mention de la rubrique dédiée au bulletin de paie sur le portail www.service-public.fr

Les mentions facultatives du bulletin de paie

* Référence de l'organisme auquel l'employeur verse les cotisations de sécurité sociale et numéro sous lequel ces cotisations sont versées. Cette mention n'est plus obligatoire depuis le 1-1-2017 pour les employeurs d'au moins 300 salariés et depuis le 1-1-2018 pour les autres employeurs
* Nom marital pour les femmes mariées
* Adresse du salarié
* Numéro de sécurité sociale du salarié
* Date d'embauche du salarié
* Nature du contrat du salarié
* Mode de règlement du salaire
* Net imposable (néanmoins, le net imposable figure généralement sur le bulletin de paie. En tout état de cause, l'employeur doit mentionner son montant dans la DSN).

Les mentions interdites sur un bulletin de paie

* **Grèves** : Toute indication sur le bulletin de paie concernant l'exercice du droit de grève est interdite. La retenue sur le salaire pour heures de grève ne doit pas être identifiable ; elle doit être précédée d'une mention neutre, telle que « absence non rémunérée ».
Cette retenue doit être strictement proportionnelle à la durée de l'arrêt de travail.

* **Heures de délégation** : Toute indication sur le bulletin de paie relative à l'activité de représentant du personnel est interdite. Ne doivent figurer sur le bulletin de paie ni la qualité de représentant de personnel ni, en tant que telles, les heures de délégation utilisées à ce titre. La nature et le montant de la rémunération de l'activité de représentation figurent sur une fiche annexée au bulletin de paie qui a le même régime juridique que celui-ci.
(Source Guide Permanent de Paie).

Création de la trame vierge - Généralités

Ouvrez un fichier tableur vierge et enregistrez-le dès à présent sous le nom que vous souhaitez donner à votre trame.

Pour la lisibilité et le confort visuel, je vous recommande de supprimer l'affichage des valeurs nulles.

Pour ce faire, allez dans le menu démarrage de votre fichier :

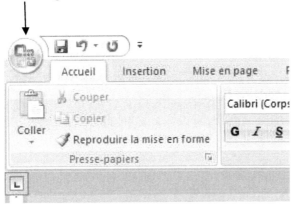

Cliquez sur « **Options Excel** » en bas sur le bandeau du menu, puis sur « **Options avancées** ».

Rendez-vous au niveau de la rubrique « **Afficher les options pour cette feuille de calcul** » et décochez l'option « **Afficher un zéro dans les cellules qui ont une valeur nulle** »

Cette démarche devra être répétée sur chaque feuille du fichier **SAUF** sur la feuille « Salariés » (cela empêcherait la formule lié au taux d'impôt sur le revenu de fonctionner correctement).

<u>Attention</u> : cette procédure peut varier en fonction de la version d'Excel que vous utilisez. Rendez-vous sur le menu d'aide pour connaître la procédure de votre propre version, le cas échéant.

Pour simplifier la démarche, nous allons créer la trame zone par zone.

Les cellules nécessitant une mise en forme de placement ou de fusion particulière vous seront mentionnées exhaustivement (pour le reste bien entendu, à vous d'ajuster le visuel à votre convenance en termes de polices, effets de police et centrages).

Placez-vous dans la première feuille de votre fichier. Renommez cette feuille « **Bulletin N°1** ».

Vous allez à présent reproduire la trame vierge présentée ci-après, en respectant les repères de cellules et les formatages de types de données (nombre, pourcentage, monétaire etc.. .) proposés.

Il est bien entendu essentiel que nous partions des mêmes repères de cellules pour que formules fournies tout au long de ce livret fonctionnent en l'état.

Les lignes et colonnes sont identifiées avec les repères habituels des tableurs :

⇨ Repères alphabétiques pour les colonnes : de A à ZZZZZ…
⇨ Repères alphanumériques pour les lignes : de 1 à 9999…

Pour la construction de cette trame, je vous affiche le quadrillage pour que les repères soient plus faciles à prendre.

Vous pourrez bien entendu par la suite supprimer l'affichage du quadrillage à l'impression.

Voici donc la trame complète dont je vous détaille, au besoin, le mode opératoire par zones dans les pages suivantes.

BULLETIN DE SALAIRE

	A	B	C	D	E	F	G	H	I
1				BULLETIN DE SALAIRE					
2	**EMPLOYEUR**			**SALARIÉS**					
3	Nom			Nom					
4	Adresse			Prénom					
5				Emploi					
6				Matricule					
7	N° Siret			**Coeff./Indice**		**Niveau**		**Echelon**	
8	Code APE			N° de S.S.					
9	URSSAF			Adresse					
10	Convention Collective								
11									
12				Entrée			Sortie		
13	Date de paiement			Contrat			Statut		
14	**PÉRIODE DU**						**AU**		
15						**Base**		**Taux**	
16									
17									
18									
19									
20									
21									
22									
23									
24							**SALAIRE BRUT TOTAL**		
25	**COTISATIONS ET CONTRIBUTIONS SOCIALES**		**BASES**	**RETENUES SALARIALES**			**CHARGES PATRONALES**		
26	*Plafond S.S. du mois*			**TAUX**		**MONTANTS**	**TAUX**		**MONTANTS**
27	**SANTÉ**								
28									
29									
30									
31									
32									
33	**ACCIDENT DU TRAVAIL-MALADIE PROFESSIONNELLE**								
34									
35	**RETRAITE**								
36									
37									
38									
39									
40									
41									
42									
43									
44									
45									
46									
47	**FAMILLE**								
48	**ASSURANCE CHÔMAGE (y compris AGS)**								
49									
50									
51	**AUTRES CONTRIBUTIONS DUES PAR L'EMPLOYEUR**								
52									
53									
54									
55	CSG DÉDUCTIBLE de l'impôt sur le revenu								
56	CSG/CRDS NON DÉD.de l'impôt sur le revenu								
57									
58									
59	ALLÈGEMENTS DES COTISATIONS								
60				**TOTAL DES COTISATIONS**					
61				**NET IMPOSABLE**					
62									
63									
64									
65									
66									
67	**NET A PAYER AVANT IMPÔT SUR LE REVENU**								
68	Dont évolution de la rémunération liée à la suppression des cotisations chômage et maladie								
69	Impôt sur le revenu		Base	Taux personnalisé			Taux neutre		Montant
70	Impôt prélevé à la source								
71	**NET A PAYER EN EUROS**								
72	Allègements de cotisations patronales			Total versé par l'employeur				Coût global employeur	
73	Tous allègements hors allègement sur maladie		Allègement sur maladie						
74									
75	DANS VOTRE INTERET ET POUR VOUS AIDER A FAIRE VALOIR VOS DROITS,CONSERVER CE BULLETIN DE PAIE SANS LIMITATION DE DUREE								
76	Vous pouvez consulter la rubrique dédiée au bulletin de paie sur le portail www.service-public.fr								

CRÉATION DE LA TRAME VIERGE - ZONE N°1

	A	B	C	D	E	F	G	H	I
1				BULLETIN DE SALAIRE					
2	EMPLOYEUR			SALARIÉS					
3	Nom			Nom					
4	Adresse			Prénom					
5				Emploi					
6				Matricule					
7	N° Siret			Coeff./Indice		Niveau		Echelon	
8	Code APE			N° de S.S.					
9	URSSAF			Adresse					
10	Convention Collective								
11									
12				Entrée			Sortie		
13	Date de paiement			Contrat			Statut		
14	PÉRIODE DU						AU		

Particularités de présentation pour cette zone :

BLOC 1 – LE BLOC « EMPLOYEUR »

⇨ Ligne 1 : sélectionnez cellules A à I et les « Fusionner et centrer ».
⇨ Ligne 2 : sélectionnez cellules A à C et les « Fusionner et centrer »
Faire un alignement à gauche.

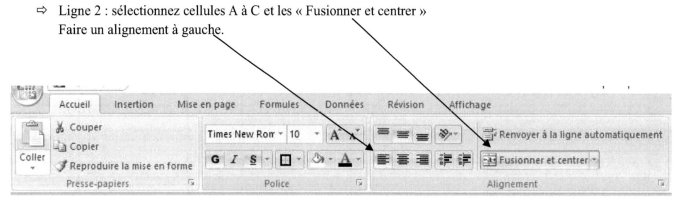

⇨ Ligne 3 : sélectionnez cellules B à C et les « Fusionner et centrer » avec alignement à gauche.
⇨ Appliquez la même mise en forme pour les lignes
- 4 à 9
- 14
⇨ **Sélectionnez les trois lignes 10, 11 et 12** au niveau des colonnes B à C et les « Fusionner et centrer » avec alignement à gauche.
⇨ Ligne 13 cellule B : formater la cellule au format « Date »

BLOC 2 – LE BLOC « SALARIÉ »

⇨ Ligne 2 : sélectionnez cellules D à I et les « Fusionner et centrer » avec alignement à gauche.
⇨ Ligne 3 : sélectionnez cellules E à I et les « Fusionner et centrer » avec alignement à gauche.
⇨ Appliquez la même mise en forme pour les lignes
- 4 à 6

- 8 à 11

⇨ Lignes 12 et 13 : sélectionnez cellules E à F et les « Fusionner et centrer » avec alignement à gauche.
⇨ Lignes 12 et 13 : sélectionnez cellules H à I et les « Fusionner et centrer ».
⇨ Ligne 14 : sélectionnez cellules D à F et les « Fusionner et centrer ».
⇨ Ligne 14 : sélectionnez cellules H à I et les « Fusionner et centrer ».
⇨ Formatez les cellules fusionnées EF12, HI12, DF14 et HI14 en format date.

Votre zone N°1est terminée.

CRÉATION DE LA TRAME VIERGE - ZONE N°2

	A	B	C	D	E	F	G	H	I
1				BULLETIN DE SALAIRE					
2	EMPLOYEUR			SALARIÉS					
3	Nom			Nom					
4	Adresse			Prénom					
5				Emploi					
6				Matricule					
7	N° Siret			Coeff./Indice		Niveau		Echelon	
8	Code APE			N° de S.S.					
9	URSSAF			Adresse					
10	Convention Collective								
11									
12				Entrée			Sortie		
13	Date de paiement			Contrat			Statut		
14	PÉRIODE DU						AU		
15						Base		Taux	
16									
17									
18									
19									
20									
21									
22									
23									
24								SALAIRE BRUT TOTAL	

Pour la création de la zone N°2 (partie non grisée), la présentation est simple : je vous propose de prévoir une petite dizaine de lignes : cela vous permettra dans un premier temps d'insérer ou retirer des lignes pour vos test sans bouger la trame de votre bulletin (cela évite les problèmes de mise en page modifiée à l'impression et il est, quoiqu'il en soit, plus prudent de ne jamais toucher trame pour éviter des écrasements de formules ou des insertions mal incluses dans les calculs ; ce sont hélas des « mésaventures » souvent rencontrées lors des examens).

Particularités de présentation pour cette zone :

⇨ Ligne 15 : sélectionnez cellules A à E et les « Fusionner et centrer » avec alignement à gauche.

⇨ Appliquez la même mise en forme pour les lignes 16 à 23.

⇨ Formatez les cellules H16, H22 et H23 en nombre avec 4 chiffres après la virgule (pour rappel, même si le reste du bulletin sera traité avec un format nombre arrondi à deux chiffres après la virgule, il est en revanche pertinent de traiter les **taux horaires** avec un arrondi de 4 chiffres lorsqu'aucun taux précis n'est indiqué ; cela permet d'obtenir une meilleure précision dans les résultats et d'avoir donc moins d'écart dans les arrondis).

⇨ Ligne 24 : sélectionnez cellules A à H et les « Fusionner et centrer » avec alignement à droite.

Votre zone N°2 est terminée.

CRÉATION DE LA TRAME VIERGE - ZONE N°3

	A	B	C	D	E	F	G	H	I
1				BULLETIN DE SALAIRE					
2	EMPLOYEUR			SALARIÉS					
3	Nom			Nom					
4	Adresse			Prénom					
5				Emploi					
6				Matricule					
7	N° Siret			Coeff./Indice		Niveau		Echelon	
8	Code APE			N° de S.S.					
9	URSSAF			Adresse					
10	Convention Collective								
11									
12				Entrée			Sortie		
13	Date de paiement			Contrat			Statut		
14	PÉRIODE DU						AU		
15						Base		Taux	
16									
17									
18									
19									
20									
21									
22									
23									
24							SALAIRE BRUT TOTAL		
25	COTISATIONS ET CONTRIBUTIONS SOCIALES		BASES	RETENUES SALARIALES			CHARGES PATRONALES		
26	Plafond S.S. du mois			TAUX		MONTANTS	TAUX		MONTANTS
27	SANTÉ								
28									
29									
30									
31									
32									
33	ACCIDENT DU TRAVAIL-MALADIE PROFESSIONNELLE								
34									
35	RETRAITE								
36									
37									
38									
39									
40									
41									
42									
43									
44									
45									
46									
47	FAMILLE								
48	ASSURANCE CHÔMAGE (y compris AGS)								
49									
50									
51	AUTRES CONTRIBUTIONS DUES PAR L'EMPLOYEUR								
52									
53									
54									
55	CSG DÉDUCTIBLE de l'impôt sur le revenu								
56	CSG/CRDS NON DÉD.de l'impôt sur le revenu								
57									
58									
59	ALLÈGEMENTS DES COTISATIONS								
60				TOTAL DES COTISATIONS					

Particularités de présentation pour cette zone :

⇨ Ligne 25 : sélectionnez cellules A à B et les « Fusionner et centrer ».

⇨ Ligne 25 : sélectionnez cellules D à F et les « Fusionner et centrer ».

⇨ Ligne 25 : sélectionnez cellules G à I et les « Fusionner et centrer ».

- ⇨ Ligne 26 : sélectionnez cellules A à B et les « Fusionner et centrer » avec alignement à droite.
- ⇨ Ligne 26 : sélectionnez cellules D à E et les « Fusionner et centrer ».
- ⇨ Ligne 26 : sélectionnez cellules G à H et les « Fusionner et centrer ».
- ⇨ Ligne 27 : sélectionnez cellules A à B et les « Fusionner et centrer » avec alignement à gauche.
- ⇨ Reproduisez la même mise en forme pour les lignes 28 à 60.
- ⇨ Ligne 28 : sélectionnez cellules D à E et les « Fusionner et centrer »avec alignement à droite + Formatez la cellule fusionnée obtenue au format « Pourcentage » à deux chiffres après la virgule
- ⇨ Reproduisez la même mise en forme pour les lignes 28 à 59 **SAUF** pour la cellule fusionnées DE49 qui correspond au taux APEC de 0.024% et est donc à formater en « Pourcentage » à 3 chiffres après la virgule.
- ⇨ Ligne 28 : sélectionnez cellules G à H et les « Fusionner et centrer » avec alignement à droite + Formatez la cellule fusionnée obtenue au format « Pourcentage »
- ⇨ Reproduisez la même mise en forme pour les lignes 28 à 60 **SAUF** pour les cellules fusionnées GH49 et GH51 qui correspondent au taux APEC de 0.036% et à la somme des taux des « Autres contributions dues par l'employeur » et sont donc à formater en « Pourcentage » à 3 chiffres après la virgule.
- ⇨ Ligne 60 : sélectionnez cellules C à E et les « Fusionner et centrer ».
- ⇨ Ligne 60 : sélectionnez cellules G à H et les « Fusionner et centrer ».
- ⇨ Les colonnes C, F et I sont formatées en format nombre à deux chiffres après la virgule avec un alignement à droite.

Autre point particulier pour cette zone :

La ligne 51 « Autres contributions dues par l'employeur » fera l'objet d'un traitement particulier : étant en effet le regroupement de plusieurs cotisations dont les bases varient en fonction de plusieurs éléments, nous créerons dans l'étape N°2 (tableau N°6), un petit récapitulatif de ces diverses bases et cotisations pour en automatiser les variations et le regroupement.

Cette ligne pourra par ailleurs, suivant les énoncés, être suivie par deux autres lignes « Autres contributions dues par l'employeur » qui concerneront, elles, les différents forfaits sociaux (voir explication page 34).

Votre zone N°3 est terminée.

CRÉATION DE LA TRAME VIERGE - ZONE N°4

	A	B	C	D	E	F	G	H	I
1	BULLETIN DE SALAIRE								
2	EMPLOYEUR			SALARIÉS					
3	Nom			Nom					
4	Adresse			Prénom					
5				Emploi					
6				Matricule					
7	N° Siret			Coeff./Indice		Niveau		Echelon	
8	Code APE			N° de S.S.					
9	URSSAF			Adresse					
10	Convention Collective								
11									
12				Entrée			Sortie		
13	Date de paiement			Contrat			Statut		
14	PÉRIODE DU						AU		
15						Base		Taux	
16									
17									
18									
19									
20									
21									
22									
23									
24							SALAIRE BRUT TOTAL		
25	COTISATIONS ET CONTRIBUTIONS SOCIALES		BASES	RETENUES SALARIALES			CHARGES PATRONALES		
26	Plafond S.S. du mois			TAUX		MONTANTS	TAUX		MONTANTS
27	SANTÉ								
28									
29									
30									
31									
32									
33	ACCIDENT DU TRAVAIL-MALADIE PROFESSIONNELLE								
34									
35	RETRAITE								
36									
37									
38									
39									
40									
41									
42									
43									
44									
45									
46									
47	FAMILLE								
48	ASSURANCE CHÔMAGE (y compris AGS)								
49									
50									
51	AUTRES CONTRIBUTIONS DUES PAR L'EMPLOYEUR								
52									
53									
54									
55	CSG DÉDUCTIBLE de l'impôt sur le revenu								
56	CSG/CRDS NON DÉD.de l'impôt sur le revenu								
57									
58									
59	ALLÈGEMENTS DES COTISATIONS								
60				TOTAL DES COTISATIONS					
61				NET IMPOSABLE					
62									
63									
64									
65									
66									
67	NET A PAYER AVANT IMPÔT SUR LE REVENU								
68	Dont évolution de la rémunération liée à la suppression des cotisations chômage et maladie								
69	Impôt sur le revenu		Base	Taux personnalisé			Taux neutre		Montant
70	Impôt prélevé à la source								
71							NET A PAYER EN EUROS		

Particularités de présentation pour cette zone :

⇨ Ligne 61 : sélectionnez cellules A à B et les « Fusionner et centrer ».

⇨ Ligne 61 : sélectionnez cellules C à E et les « Fusionner et centrer ».

⇨ Ligne 61 : sélectionnez cellules F à H et les « Fusionner et centrer ».

⇨ Lignes 62 : sélectionnez cellules A à D et les « Fusionner et centrer » avec alignement à gauche.

⇨ Reproduisez la même mise en forme pour les lignes 63 à 66.

⇨ Ligne 67 : sélectionnez cellules A à H et les « Fusionner et centrer » avec alignement à droite.

⇨ Reproduisez la même mise en forme pour les lignes 68 et 71.

⇨ Ligne 69 et 70 : sélectionnez cellules A à B et les « Fusionner et centrer ».

Votre zone N°4 est terminée.

CRÉATION DE LA TRAME VIERGE - ZONE N°5

	A	B	C	D	E	F	G	H	I
1				BULLETIN DE SALAIRE					
2	EMPLOYEUR			SALARIÉS					
3	Nom			Nom					
4	Adresse			Prénom					
5				Emploi					
6				Matricule					
7	N° Siret			Coeff./Indice		Niveau		Echelon	
8	Code APE			N° de S.S.					
9	URSSAF			Adresse					
10	Convention Collective								
11									
12				Entrée			Sortie		
13	Date de paiement			Contrat			Statut		
14	PÉRIODE DU						AU		
15						Base		Taux	
16									
17									
18									
19									
20									
21									
22									
23									
24							SALAIRE BRUT TOTAL		
25	COTISATIONS ET CONTRIBUTIONS SOCIALES		BASES	RETENUES SALARIALES			CHARGES PATRONALES		
26	Plafond S.S. du mois			TAUX		MONTANTS	TAUX		MONTANTS
27	SANTÉ								
28									
29									
30									
31									
32									
33	ACCIDENT DU TRAVAIL-MALADIE PROFESSIONNELLE								
34									
35	RETRAITE								
36									
37									
38									
39									
40									
41									
42									
43									
44									
45									
46									
47	FAMILLE								
48	ASSURANCE CHÔMAGE (y compris AGS)								
49									
50									
51	AUTRES CONTRIBUTIONS DUES PAR L'EMPLOYEUR								
52									
53									
54									
55	CSG DÉDUCTIBLE de l'impôt sur le revenu								
56	CSG/CRDS NON DÉD.de l'impôt sur le revenu								
57									
58									
59	ALLÈGEMENTS DES COTISATIONS								
60				TOTAL DES COTISATIONS					
61				NET IMPOSABLE					
62									
63									
64									
65									
66									
67				NET A PAYER AVANT IMPÔT SUR LE REVENU					
68				Dont évolution de la rémunération liée à la suppression des cotisations chômage et maladie					
69		Impôt sur le revenu		Base	Taux personnalisé		Taux neutre		Montant
70		Impôt prélevé à la source							
71							NET A PAYER EN EUROS		
72		Allègements de cotisations patronales			Total versé par l'employeur			Coût global employeur	
73	Tous allègements hors allègement sur maladie		Allègement sur maladie						
74									
75	DANS VOTRE INTERET ET POUR VOUS AIDER A FAIRE VALOIR VOS DROITS,CONSERVER CE BULLETIN DE PAIE SANS LIMITATION DE DUREE								
76	Vous pouvez consulter la rubrique dédiée au bulletin de paie sur le portail www.service-public.fr								

Particularités de présentation pour cette zone :

⇨ Ligne 72 : sélectionnez cellules A à C et les « Fusionner et centrer ».
⇨ Ligne 72 : sélectionnez cellules D à G et les « Fusionner et centrer ».
⇨ Ligne 72 : sélectionnez cellules H à I et les « Fusionner et centrer ».
⇨ Ligne 73 : sélectionnez cellules A à B et les « Fusionner et centrer ».
⇨ Ligne 74 : sélectionnez cellules A à B et les « Fusionner et centrer ».
⇨ **Sélectionnez les deux lignes 73 et 74** au niveau des colonnes D à G et les « Fusionner et centrer ».
⇨ **Sélectionnez les deux lignes 73 et 74** au niveau des colonnes H à I et les « Fusionner et centrer ».
⇨ Ligne 75 : sélectionnez cellules A à I et les « Fusionner et centrer ».
⇨ Ligne 76 : sélectionnez cellules A à I et les « Fusionner et centrer ».

Votre zone N°5 est terminée.

Votre trame vierge est prête, vous allez à présent pouvoir y renseigner les formules de calcul pour automatiser votre bulletin.

ÉTAPE N°2

Créations des tableaux annexes

Vous allez à présent créer tous les tableaux de données qui alimenteront votre bulletin de salaire, vous permettant un remplissage automatique de votre trame, tout en limitant les risques « d'écrasement » des formules.

Voici la liste des tableaux que vous allez à présent devoir créer :

- <u>**TABLEAU N°1**</u> - **Tableau général des charges sociales (salariales et patronales)**
- <u>**TABLEAU N°2**</u> - **Tableau des autres variables de paie**
- <u>**TABLEAU N°3**</u> - **Les données relatives à l'employeur**
- <u>**TABLEAU N°4**</u> - **Les données relatives aux salariés**
- <u>**TABLEAU N°5**</u> - **Prélèvement à la source : le barème des taux neutres**
- <u>**TABLEAU N°6**</u> - **Le tableau détaillant la ligne « Les autres contributions dues par l'employeur »**
- <u>**TABLEAU N°7**</u> - **Le tableau détaillant la ligne «** *Dont évolution de la rémunération liée à la suppression des*
  cotisations chômage **et maladie ».**

TABLEAU N°1 – Tableau général des charges sociales (salariales et patronales)

Ce tableau est la base même du bulletin : il vous permettra à chaque changement de taux, de base ou de plafond de mettre à jour votre trame en quelques minutes, sans risque d'oubli et surtout sans avoir à toucher votre trame, ce qui minimisera les risques d'erreurs.

Ce tableau n'aura donc pas à être renseigné ou modifié lorsque vous traiterez vos études de cas ; vous le mettrez à jour uniquement aux changements officiels de taux (le plus souvent, des changements interviennent aux 1ᵉʳ janvier, 1ᵉʳ avril, 1ᵉʳ juillet, 1ᵉʳoctobre ; cette liste de dates n'est évidemment pas exhaustive et des changements exceptionnels peuvent intervenir à tout moment, d'où l'intérêt d'être toujours à jour de la veille sociale).

Placez-vous dans une feuille vierge de votre fichier. Renommez cette feuille « **Cotisations** ».

Créez votre tableau de cotisations sur le modèle suivant (à l'heure de cette édition, le tableau est à jour des cotisations au 11.11.2021). Ici, aucune formule, tout est saisi.

	A	B	C	D
1	**Tableau général des charges sociales**	**Taux**		**Assiette mensuelle**
2		Salarié	Employeur	
3	**Cotisations de Sécurité Sociale**			
4	Sécurité Sociale Maladie, Maternité, Invalidité, Décès HORS Alsace-Moselle rémunération ≤ 2,5 SMIC		7,00%	Totalité du salaire
5	Sécurité Sociale Maladie, Maternité, Invalidité, Décès HORS Alsace-Moselle rémunération > 2,5 SMIC		13,00%	Totalité du salaire
6	Sécurité Sociale Maladie, Maternité, Invalidité, Décès Alsace-Moselle rémunération≤ 2,5 SMIC	1,50%	7,00%	Totalité du salaire
7	Sécurité Sociale Maladie, Maternité, Invalidité, Décès Alsace-Moselle rémunération> 2,5 SMIC	1,50%	13,00%	Totalité du salaire
8	Sécurité Sociale Vieillesse plafonnée	6,90%	8,55%	**Tranche A**
9	Sécurité Sociale Vieillesse déplafonnée	0,40%	1,90%	Totalité du salaire
10	Allocations familiales ≤ 3,5 SMIC		3,45%	Totalité du salaire
11	Allocations familiales > 3,5 SMIC		5,25%	Totalité du salaire
12	Accidents du travail		Variable	Totalité du salaire
13	Contribution solidarité autonomie		0,30%	Totalité du salaire
14	Cotisation logement FNAL (< 50 salariés)		0,10%	**Tranche A**
15	Cotisations logement FNAL (≥ 50 salariés)		0,50%	Totalité du salaire
16	Versement mobilité (≥ 11 salariés)		Variable	Totalité du salaire
17	Forfait social de prévoyance 8 % (≥ 11 salariés)		8,00%	Contribution patronale de prévoyance et de frais de santé
18	Forfait social de prévoyance 20%		20,00%	Epargne salariale selon effectif et type d'épargne
19	CSG non déductible du revenu imposable	2,40%	0,00%	98,25% du SB sur part du SB<4PMSS (ensuite 100% du SB) + cot.patr.prévoy.& santé)
20	CSG déductible du revenu imposable	6,80%	0,00%	
21	Contribution au Remboursement de la Dette Sociale (CRDS)	0,50%	0,00%	
22	Contribution patronale au dialogue social		0,016%	Totalité du salaire
23	**Assurance chômage et Assurance Garantie des Salaires**			
24	Assurance chômage		4,05%	**Tranche A + B**
25	Fonds National de Garantie des Salaires (AGS)		0,15%	**Tranche A + B**
26	APEC (cadres)	0,024%	0,036%	**Tranche A + B**
27	**Caisses ARRCO-AGIRC-AGFF-APEC**			
28	Retraite complémentaire Tranche 1	3,15%	4,72%	**Tranche 1**
29	Retraite complémentaire Tranche 2	8,64%	12,95%	**Tranche 2**
30	Contribution d'Equilibre Général CEG sur tranche 1	0,86%	1,29%	**Tranche 1**
31	Contribution d'Equilibre Général CEG sur tranche 2	1,08%	1,62%	**Tranche 2**
32	Contribution d'Equilibre Technique CET sur tranches 1&2	0,14%	0,21%	**Tranche 1 + 2**
33	**Prévoyance Cadres**			
34	Prévoyance cadres (minimum)		1,50%	**Tranche A**
35	**Taxe d'apprentissage**			
36	Taxe d'apprentissage HORS Alsace-Moselle		0,68%	Totalité du salaire
37	Taxe d'apprentissage Alsace-Moselle		0,44%	Totalité du salaire
38	Contribution supplémentaire à l'apprentissage (plus de 250 salariés...)		Variable	Totalité du salaire
39	**Participation à la formation professionnelle**			
40	Formation professionnelle entreprises < 11 salariés		0,55%	Totalité du salaire
41	Formation professionnelleEntreprises ≥ 11 salariés		1,00%	Totalité du salaire
42	Supplément pour les contrat CDD		1,00%	Totalité du salaire
43	**Participation construction (entreprises ≥ 50 salariés)**			
44	Participation construction (entreprises ≥ 50 salariés)		0,45%	Totalité du salaire
45	**Taxe sur les salaires (pour les employeurs non assujettis à la TVA)**	**Selon tranches de salaires, consulter barèmes**		

TABLEAU N°2 – Tableau des autres variables de paie

Toujours sur la feuille « **Cotisations** », vous allez ajouter (à la suite du tableau général des charges sociales), les autres bases variables regroupant les divers plafonds et tranches de salaire, ce qui va vous permettre par la suite de gérer les variations de taux de façon automatique sans avoir à toucher aux formules de votre trame.

Créez donc sur la feuille « Cotisations », à la suite du premier tableau le tableau suivant :

	A	B
46		
47	**Autres variables de paie**	**Valeurs**
48		
49	Plafond **mensuel** de Sécurité Sociale (PMSS)	3 428,00
50		
51	SMIC horaire actuel	10,48
52	SMIC mensuel	1 589,47
53		
54	LIMITE TRANCHE A	3 428,00
55	LIMITE TRANCHE B	13 712,00
56	LIMITE TRANCHE A annuelle	41 136,00
57	LIMITE TRANCHE B annuelle	164 544,00
58		
59	LIMITE TRANCHE 1 mensuelle	3 428,00
60	LIMITE TRANCHE 2 mensuelle	27 424,00
61	LIMITE TRANCHE 1 annuelle	41 136,00
62	LIMITE TRANCHE 2 annuelle	329 088,00
63		
64	1,6 SMIC (FILLON)	2 543,15
65	2,5 SMIC (COT.PAT.MAL.7%)	3 973,68
66	3,5 SMIC (COT. A.L.)	5 563,15
67	1,5% TA (PREVOYANCE MINIMUM CADRES)	51,42
68	4 PMSS (TA +TB CHOMAGE / APEC ET 4 PMSS CSG/CRDS)	13 712,00

Ici non plus rien de complexe, les calculs suivent la logique indiquée dans la ligne de titre :

⇨ **B49 et B51** sont de cellules saisies (et mises à jour à chaque changement)

Toutes les autres cellules sont des formules liées à B49 et B51 :

⇨ **B52** = B51 x 35 x 52 / 12
⇨ **B54** = B49
⇨ **B55** = B49 x 4
⇨ **B56** = B54 x 12
⇨ **B57** = B55 x 12
⇨ **B59** = B49
⇨ **B60** = B49 x 8
⇨ **B61** = B59 x 12

⇨ **B62** = B60 x 12
⇨ **B64** = 1.6 x B52
⇨ **B65** = 2.5 x B52
⇨ **B66** = 3.5 x B52
⇨ **B67** = 1.5 % x B54
⇨ **B68** = B49 x 4

TABLEAU N°3 – Les données relatives à l'employeur

Dans les études de cas comme dans la pratique il vous faudra toujours produire plusieurs bulletins pour une même société ; plutôt donc que de dupliquer des feuilles ou copier/coller au risque de faire des oublis ou d'écraser des informations, vous aller créer un tableau qui sera le guide de vos en-têtes.

Les noms et coordonnées de l'entreprise et des salariés se reporteront donc automatiquement dans vos bulletins dès lors que vous aurez rempli les tableaux de données.

Voici une proposition de tableau de données que vous pouvez utiliser pour traiter les données propres à l'employeur.

Placez-vous dans une feuille vierge de votre fichier. Renommez cette feuille « **Employeur** ».

Créez votre tableau sur le modèle suivant.

	A	B	C	D	E
1	**Employeur**				
2	**DONNÉES FIXES**				
3					
4	Date début période de paie			Date fin période de paie	**1**
5					
6	Nom				
7					
8	Adresse				
9					
10	Code postal + Ville				
11	Région Alsace-Moselle (OUI ou NON)				**2**
12					
13	N° SIRET				
14	Code APE				
15	Effectif				
16	Caisse URSSAF				
17					
18	Convention collective				
19					
20					
21					
22	Date de paiement des salaires				
23	Mode de paiement des salaires				**3**
24					
25	**DONNÉES VARIABLES**				
26		Part Salarié en %	Part Employeur en %	Base de la cotisation	
27	Complémentaire Santé				
28	Prévoyance				**4**
29	Retraite Supplémentaire				
30	Taux A.T./ M.P.				
31	Versement mobilité				
32	Contribution supplémentaire à l'apprentissage (plus de 250 salariés…)				

1 - Les dates de début et de fin de période : le premier et le dernier jour du mois, ou de la quinzaine, ou de la semaine, ou autre, en fonction de la périodicité de la paie.

2 - Indiquer oui ou non en C11 en fonction du fait que l'employeur soit situé dans la région Alsace-Moselle ou non.

3 - Indiquer en toutes lettres « Virement », « Chèque » ou autre en fonction de la modalité de paiement du salaire.

4 - Indiquer sur quelles bases seront calculées ces trois cotisations : en effet, concernant notamment la maladie et la prévoyance la base peut aussi bien être le salaire brut (limité ou non) qu'une ou plusieurs tranches de salaire (A, B…)

Aucune formule de calcul n'est nécessaire sur cette partie : le remplissage sera basique et **tous les éléments** (hors parties grisées) **seront saisis selon les énoncés**. Il sera bien entendu **très important** d'être vigilants à saisir **l'intégralité des données** de vos études de cas, l'exactitude du bulletin dépendant totalement de la mise à jour correcte des feuilles « Employeur » et « Salariés ».

Particularités de présentation pour cette zone :

⇨ Ligne 1 : sélectionnez cellules A à E et les « Fusionner et centrer ».
⇨ Ligne 2 : sélectionnez cellules B à E et les « Fusionner et centrer ».
⇨ Ligne 6 : sélectionnez cellules B à E et les « Fusionner et centrer » avec alignement à gauche.
⇨ Reproduisez la même mise en forme pour les lignes 8 à 10.
⇨ Ligne 13 : sélectionnez cellules B à C et les « Fusionner et centrer » avec alignement à gauche.
⇨ Ligne 16 : sélectionnez cellules B à C et les « Fusionner et centrer » avec alignement à gauche.
⇨ **Sélectionnez les trois lignes 18, 19 et 20** au niveau des colonnes B à E et les « Fusionner et centrer » avec alignement à gauche.

⇨ Les cellules B27 à B29 et C27 à C32 doivent être formatées en pourcentage, à deux chiffres après la virgule.
⇨ Les cellules B30 à B32 sont grisées et donc non saisissables côté salarié car ce sont des cotisations employeurs uniquement.
⇨ Les cellules D30 à D31 sont grisées et donc non saisissables car ces bases de cotisations sont traitées par ailleurs dans le bulletin.

TABLEAU N°4 – Les données relatives aux salariés

Voici une proposition de tableau de données que vous pouvez utiliser pour traiter les données propres aux salariés.

Placez-vous dans une feuille vierge de votre fichier. Renommez cette feuille « **Salariés** ».

Créez votre tableau sur le modèle suivant.

	A	B	C	D	E	
1	**Salariés**					
2	**DONNÉES FIXES**	Salarié N°1	Salarié N°2	Salarié N°3	Salarié N°4	
3	Nom					
4	Prénom					
5	Emploi					
6	N° de S.S.					
7	Matricule					
8	Niveau					
9	Coefficient / Indice					
10	Échelon					
11	Date embauche (JJ/MM/AAAA)					
12	Date de sortie (JJ/MM/AAAA)					
13	Contrat (CDI/CDD)					
14	Statut : Cadre / Non cadre / Dirigeant					①
15	Adresse					
16	Code postal + Ville					
17	Taux impôt personnalisé **OUI ou NON**					②
18	Valeur du taux personnalisé (**ne pas saisir de taux si taux non connu**)					
19	Salarié au forfait **OUI ou NON**					③
20	Salarié au forfait : valeur forfait					④
21	Taux horaire					
22	Horaire MENSUEL effectif					
23	Salaire Brut **Calculé**					⑤
24	Salaire Brut **Énoncé**					
25	**Salaire Brut A RETENIR**					⑥
26	**DONNÉES VARIABLES**	Salarié N°1	Salarié N°2	Salarié N°3	Salarié N°4	
27	Nombre d'heures supplémentaires majorées à 25%					
28	Nombre d'heures supplémentaires majorées à 50%					
29	**Total heures supplémentaires**					⑦

La majorité des éléments de cette partie seront également saisis, à l'exception des cellules B23, B25 et B29 (grisées) dont nous allons voir les formules plus loin. Lors de vos études de cas, il sera par ailleurs **très important** de prendre soin de bien remplir toutes les données de cette feuille pour que les formules de la trame fonctionnent correctement.

L'horaire **mensuel** effectif (ligne 22) doit par exemple être systématiquement saisi (sauf bien entendu si le salarié est au forfait) pour que les heures supplémentaires soient intégralement traitées par la trame.

Les précisions utiles pour cette partie :

① – Indiquez « Cadre », « Non cadre » ou « Dirigeant » en toutes lettres : attention plusieurs formules étant basées sur le **terme « cadre »** ne pas abréger ou bien penser à modifier la formule en conséquence.

② – **Cellule importante** pour la gestion automatique du calcul de l'impôt : si le taux personnalisé est connu, indiquer **impérativement** « oui » et indiquer en B18 la valeur de ce taux.

③ – Indiquez impérativement « oui » en toutes lettres lorsque le salarié est forfaité pour que la trame gère automatiquement les mentions obligatoires liées à cette situation particulière (ici, nature du forfait).

④ – Indiquer impérativement la valeur du forfait (en toutes lettres, par exemple « 218 jours ») si vous avez porté « oui » en B19, pour que la trame gère automatiquement les mentions obligatoires liées à cette situation particulière (ici, volume du forfait).

⑤ et ⑥ – Les cellules B23 et B25 sont des cellules nécessitant une formule de calcul : en effet, l'énoncé vous donnera parfois le taux horaire et le nombre d'heures de travail (hebdomadaire ou mensuel) et parfois le salaire brut directement.

Vous allez donc entrer les formules pour gérer les deux situations sans avoir à toucher à la trame de votre bulletin de salaire :

> o **En cellule B23,** entrez la formule :
>
> **= SI(B21<>0;B21*B22;0)**

Il suffira ensuite d'une simple recopie vers la droite pour gérer les salariés 2,3, 4 etc…

> o **En cellule B25,** entrez la formule :
>
> **= SI(B23<>0;B23;B24)**

Il suffira ensuite d'une simple recopie vers la droite pour gérer les salariés 2,3, 4 etc…

Ainsi, une fois ces deux formules saisies, votre trame (par ses propres formules) gérera automatiquement l'affichage d'un taux horaire (celui-ci étant nécessaire, notamment pour la gestion des heures supplémentaires).

⑦ - Concernant la gestion des heures supplémentaires, le tableau prend en compte les taux de majoration légaux en vigueur (25% en ligne 27 et 50% en ligne 28) mais ces lignes peuvent tout à fait être modulées ou complétées pour tenir compte des taux de majoration spécifiques prévus par certaines conventions ou certains accords (ATTENTION auquel cas à bien penser à ajuster en conséquence les formules de la trame au niveau du taux de majoration (1.25 et 1.50) en H22 et H23).

Ici donc, une formule additionnera tout simplement le total des heures supplémentaires :

- o **En cellule B29,** entrez la formule :

= SOMME(B27:B28)

IMPORTANT : Les cellules B23, B25 et 29 étant des cellules avec formules vous pouvez éventuellement les verrouiller ou simplement les griser pour repère, afin de ne pas risquer de les écraser lors de vos saisies. En effet, certaines formules de la trame étant directement liées aux résultats de ces cellules, écraser les formules renverrait un résultat d'erreur dans certaines parties de la trame.

Par ailleurs, notre tableau s'arrête ici à 4 salariés pour la lisibilité mais il n'y a bien sûr pas de limite ; nous ne traitons que la colonne B pour créer l'exemple complet du bulletin, mais il vous suffira simplement par la suite de dupliquer la trame complète lorsqu'elle sera achevée et d'aller modifier toutes les formules liées à la colonne B du tableau « Salariés » (vous remplacerez le « B » dans les formules concernées par le « C » pour votre bulletin salarié N°2, par le « D » pour votre bulletin salarié N°3, par le « E » pour votre bulletin salarié N°4 et ainsi de suite…). Il existe bien entendu d'autres méthodes pour gérer cette création multi-salariés mais comme évoqué ici, le but n'étant pas d'entrer dans toutes les possibilités d'Excel, mais bien de rester accessible à tous les niveaux de pratique, nous nous arrêterons à celle-ci.

De même, lorsque vous vous serez familiarisés avec la trame, vous pourrez commencer à ajouter les autres éléments variables de paie à la suite des lignes « heures supplémentaires » afin de centraliser les données (par exemple les primes, les réintégrations, les tickets restaurant etc…).

Il est en effet important de ne pas multiplier outre mesure les tableaux de données afin de ne pas risquer les oublis et d'optimiser la rapidité de saisie des variables.

Il existe par ailleurs tellement d'éléments de calcul complexes (tels par exemple que la réduction Fillon, la gestion des absences, de la maladie etc…) qui nécessiteront eux-mêmes que vous les traitiez sur des feuilles de calculs distinctes, qu'il est impératif d'organiser vos éléments de façon exhaustive avec des regroupements judicieux et optimums.

TABLEAU N°5 – Barème des taux neutres du Prélèvement À la Source (P.A.S)

Ici, pas de difficulté particulière : il va vous suffire de créer un tableau basique qui reprendra le barème en cours des taux neutres du prélèvement à la source. Il ne vous restera plus ensuite qu'à le mettre à jour à chaque modification de barème.

Placez-vous dans une feuille vierge de votre fichier. Renommez cette feuille « **PAS Barème** ».

Créez votre tableau sur le modèle suivant (taux en cours au 11.11.2021)

	A	B
1	**Barème du Prélèvement à la source 2021**	
2		
3		
4	Net imposable supérieur ou égal à	Taux applicable
5	0	0%
6	1420	0,50%
7	1475	1,30%
8	1570	2,10%
9	1676	2,90%
10	1791	3,50%
11	1887	4,10%
12	2012	5,30%
13	2381	7,50%
14	2725	9,90%
15	3104	11,90%
16	3494	13,80%
17	4077	15,80%
18	4888	17,90%
19	6116	20,00%
20	7640	24,00%
21	10604	28,00%
22	14362	33,00%
23	22545	38,00%
24	48292	43,00%

TABLEAU N°6 – Les autres contributions dues par l'employeur (ligne 51)

Comme indiqué dans ce livret, nous détaillerons la rubrique « Autres contributions dues par l'employeur » sous 3 lignes distinctes :

- La première ligne « Autres contributions dues par l'employeur » (*ligne 51 de votre trame*) sous laquelle nous regrouperons toutes les cotisations concernées par cette rubrique HORS FORFAIT SOCIAL
- La deuxième ligne « Autres contributions dues par l'employeur » (*ligne 52 de votre trame, lorsque nous aurons saisi la formule adéquate*) sur laquelle nous porterons le forfait social au taux réduit de 8%
- La troisième ligne « Autres contributions dues par l'employeur » (*ligne 53 de votre trame, lorsque nous aurons saisi la formule adéquate*) sur laquelle nous porterons le forfait social au taux normal de 20%

Pourquoi cette distinction ? Tout simplement afin de renseigner des bases de cotisations cohérentes (ces trois lignes ne s'appliquant pas aux mêmes types d'éléments de rémunération).

Cela vous permettra par ailleurs de cibler plus rapidement vos éventuelles erreurs lors des vérifications de vos bulletins de salaire.

Vous n'allez pas créer de feuille particulière pour ce tableau là : vous allez l'intégrer directement dans votre feuille « **Bulletin N°1** », à la suite de votre bulletin de salaire (cela rendra également vos contrôles et éventuels ajustements plus rapides).

	A	B	C	D	E	F	G	H	I
67				NET A PAYER AVANT IMPÔT SUR LE REVENU					
68			Dont évolution de la rémunération liée à la suppression des cotisations chômage et maladie						
69		Impôt sur le revenu	Base	Taux personnalisé		Taux neutre			Montant
70		Impôt prélevé à la source							
71					NET A PAYER EN EUROS				
72		Allègements de cotisations patronales			Total versé par l'employeur			Coût global employeur	
73		Tous allègements hors allègement sur maladie	Allègement sur maladie						
74									
75		DANS VOTRE INTERET ET POUR VOUS AIDER A FAIRE VALOIR VOS DROITS,CONSERVER CE BULLETIN DE PAIE SANS LIMITATION DE DUREE							
76		Vous pouvez consulter la rubrique dédiée au bulletin de paie sur le portail www.service-public.fr							
77									

	A	B	C	D	E	F	G	H	I
78	A	B	C	D	E	F	G	H	I
79		AUTRES CONTRIBUTIONS DUES PAR L'EMPLOYEUR							
80			BASES	TAUX	MONTANT				
81		Contribution solidarité autonomie							
82		Contribution au dialogue social							
83		FNAL < 50							
84		FNAL >=50							
85		Taxe d'apprentissage							
86		Formation professionnelle							
87		Formation professionnelle 1% CDD							
88		Participation effort construction >=50							
89		Versement mobilité 11 et +							
90		TOTAL							
91		Taxe sur les salaires	Variable à renseigner	Variable à renseigner					
92		CSA (Contrib.supp.à l'apprentissage)+ de 250 salariés		Variable à renseigner					

Créez donc votre tableau (qui correspondra à la première ligne « Autres contributions dues par l'employeur ») sur le modèle suivant :

	B	C	D	E
79	AUTRES CONTRIBUTIONS DUES PAR L'EMPLOYEUR			
80		BASES	TAUX	MONTANT
81	Contribution solidarité autonomie			
82	Contribution au dialogue social			
83	FNAL < 50			
84	FNAL >=50			
85	Taxe d'apprentissage			
86	Formation professionnelle			
87	Formation professionnelle 1% CDD			
88	Participation effort construction >=50			
89	Versement de transport 11 et +			
90	TOTAL			
91	Taxe sur les salaires	Variable à renseigner	Variable à renseigner	
92	CSA (Contrib.supp.à l'apprentissage)+ **de 250 salariés**		Variable à renseigner	

La présentation ici est aussi relativement simple, les seules particularités sont les suivantes :

⇨ Ligne 79 : sélectionnez cellules B à E et les « Fusionner et centrer ».
⇨ Formatez les colonnes C et E en format nombre à deux chiffres après la virgule.
⇨ Formatez la colonne D en format pourcentage à deux chiffres après la virgule **SAUF** pour les lignes 82 et 90 à formater à trois chiffres après la virgule (Contribution au dialogue social au taux de 0.016% et donc total à trois chiffres).
Vous pouvez ici bien sûr tout formater à 3 chiffres après la virgule pour faire simple ; je ne le fais pas pour ma part dans ma trame car je trouve cela moins lisible.

TABLEAU N°7 – La ligne « Dont évolution de la rémunération liée à la suppression des cotisations chômage et maladie »

En 2018, des mesures d'allègements des charges salariales en contrepartie d'une augmentation de la part CSG/CRDS, avaient conduit à l'ajout de cette rubrique particulière dont le détail se calcule ainsi :

Suppression de la part de cotisation salariale à hauteur de 0,75% pour la base maladie ➕ Suppression de la part de cotisation salariale à hauteur de 2,40% pour la base chômage ➖ Augmentation de la part salariale des cotisations CSG/CRDS à hauteur de 1,70%.

Comme pour le tableau précédent, vous n'allez pas créer de feuille particulière : vous allez l'intégrer directement dans votre feuille « **Bulletin N°1** », à la suite de votre bulletin de salaire.

67				NET A PAYER AVANT IMPÔT SUR LE REVENU				
68				Dont évolution de la rémunération liée à la suppression des cotisations chômage et maladie				
69		Impôt sur le revenu	Base	Taux personnalisé		Taux neutre		Montant
70		Impôt prélevé à la source						
71						NET A PAYER EN EUROS		
72		Allègements de cotisations patronales		Total versé par l'employeur			Coût global employeur	
73		Tous allègements hors allègement sur maladie	Allègement sur maladie					
74								
75		DANS VOTRE INTERET ET POUR VOUS AIDER A FAIRE VALOIR VOS DROITS,CONSERVER CE BULLETIN DE PAIE SANS LIMITATION DE DUREE						
76		Vous pouvez consulter la rubrique dédiée au bulletin de paie sur le portail www.service-public.fr						
77								
78	A	B	C	D	E	F	G	H	I
79		AUTRES CONTRIBUTIONS DUES PAR L'EMPLOYEUR						
80			BASES	TAUX	MONTANT			
81		Contribution solidarité autonomie						
82		Contribution au dialogue social						
83		FNAL < 50						
84		FNAL >=50						
85		Taxe d'apprentissage						
86		Formation professionnelle						
87		Formation professionnelle 1% CDD						
88		Participation effort construction >=50						
89		Versement mobilité 11 et +						
90		TOTAL						
91		Taxe sur les salaires	Variable à renseigner	Variable à renseigner				
92		CSA (Contrib.supp.à l'apprentissage)+ de 250 salariés		Variable à renseigner				
93								
94								
95		Évolution de la rémunération liée à la suppression des cotisations chômage et maladie et à l'agmentation des CSG/CRDS						
96								
97			BASES	TAUX	MONTANT			
98		Maladie						
99		Chômage						
100		CSG/CRDS						
101				TOTAL				

	B	C	D	E
95	Évolution de la rémunération liée à la suppression des cotisations chômage et maladie et à l'agmentation des CSG/CRDS			
96				
97		BASES	TAUX	MONTANT
98	Maladie			
99	Chômage			
100	CSG/CRDS			
101			TOTAL	

Seules particularités de présentation pour ce tableau :

⇨ **Sélectionnez les deux lignes 95 et 96** au niveau des colonnes B à E et les « Fusionner et centrer ».

⇨ Ligne 101 : sélectionnez cellules B à D et les « Fusionner et centrer » avec alignement à droite.

⇨ Formatez les colonnes C et E en format nombre à deux chiffres après la virgule.

⇨ Formatez la colonne D en format pourcentage à deux chiffres après la virgule.

ÉTAPE N°3

Saisie et explications des formules de calculs

Il ne vous reste plus à présent qu'à associer les formules nécessaires dans la trame.

Tout comme pour la création de cette dernière nous allons réaliser cette étape au pas à pas, en traitant chaque zone indépendamment.

Pour la lisibilité de cette partie, chaque zone vous sera présentée dans sa globalité, puis les formules reprises dans un tableau, cellule par cellule afin de vous permettre une lecture plus aisée.

<u>Quelques précisions utiles</u> :

- La colonne « Lecture des formules » est destinée aux personnes un peu plus novices sur excel afin de leur permettre de se familiariser avec le contenu des formules de calculs du tableur.

- La colonne « Objectif de la formule » vous permettra de comprendre pourquoi nous utiliserons parfois des formules plus complexes ; il s'agira en effet souvent d'éviter l'affichage des lignes inutiles ou d'éviter des erreurs de valeur pour les cas particuliers où certaines cellules ou taux se retrouvent à 0 (pour rappel, les formules choisies sont des formules aussi simples que possible pour rendre ce livret accessible à tous niveaux de maîtrise excel ; cette trame pourra donc être totalement modulée et largement optimisée en fonction de votre propre niveau).

- ***En cas de besoin*** : *Voici donc quelques précisions qui peuvent s'avérer utiles pour les personnes en cours d'apprentissage sur les formules Excel :*

* Le symbole $\boxed{""}$ *est le symbole guillemets doublés, il est saisi en appuyant 2 fois sur la touche du chiffre 3 du clavier alphabétique (touche 3 au dessus du « Z » et du « E » des claviers azerty). Il signifie « rien » ; il est utilisé parfois à la place du zéro pour éviter les messages d'erreur dans les formules qui gèrent le zéro comme un contenu.*

* Le symbole $\boxed{<>}$ *signifie « est différent de ». J'utilise majoritairement cette forme dans les formules plutôt que les « est égal à » ou est « inférieur à » ou « supérieur à » qui, pour des raisons qu'il n'y a pas grand intérêt à énumérer ici, (excel n'étant pas le sujet principal de ce livret) posent plus de problème de retour de valeur dans les formules.*

* Le symbole $\boxed{;}$ *a différents rôles dans les formules présentées ; il peut signifier « alors », « sinon », « et » ou bien « ou »*

Ainsi, par exemple la formule :

<code>=SI(Salariés!B20<>0;Salariés!B20;"")</code>

Se traduit comme suit : **si** *la cellule B20 du tableau « Salariés »* ***est différente de*** *0* ***alors*** *indiquer la valeur de la cellule B20 du tableau « Salariés »* ***sinon*** *ne rien indiquer.*

	A	B	C	D	E	F	G	H	I
1				BULLETIN DE SALAIRE					
2	EMPLOYEUR			SALARIÉS					
3	Nom	=Employeur!B6		Nom	=Salariés!B3				
4	Adresse	=Employeur!B8		Prénom	=Salariés!B4				
5		=Employeur!B9		Emploi	=Salariés!B5				
6		=Employeur!B10		Matricule	=Salariés!B7				
7	N° Siret	=Employeur!B13		Coeff./Indice	=Salariés!B9	Niveau	=Salariés!B8	Echelon	=Salariés!B10
8	Code APE	=Employeur!B14		N° de S.S.	=Salariés!B6				
9	URSSAF	=Employeur!B16		Adresse	=Salariés!B15				
10	Convention Collective				=Salariés!B16				
11									
12		=Employeur!B18		Entrée	=Salariés!B11		Sortie	=SI(Salariés!B12<>0;Salariés!B12;"")	
13	Date de paiement	=Employeur!D22	=Employeur!D23	Contrat	=Salariés!B13		Statut	=Salariés!B14	
14	PÉRIODE DU			=Employeur!C4			AU	=Employeur!E4	

Cellules	Formules	Lecture de la formule	Objectif de la formule
ZONE N°1			
BC3	=Employeur!B6	Afficher la valeur de la cellule B6 du tableau "Employeurs"	
BC4	=Employeur!B8	Afficher la valeur de la cellule B8 du tableau "Employeurs"	
BC5	=Employeur!B9	Afficher la valeur de la cellule B9 du tableau "Employeurs"	
BC6	=Employeur!B10	Afficher la valeur de la cellule B10 du tableau "Employeurs"	
BC7	=Employeur!B13	Afficher la valeur de la cellule B13 du tableau "Employeurs"	
BC8	=Employeur!B14	Afficher la valeur de la cellule B14 du tableau "Employeurs"	
BC9	=Employeur!B16	Afficher la valeur de la cellule B16 du tableau "Employeurs"	
BC10 à 12	=Employeur!B18	Afficher la valeur de la cellule B18 du tableau "Employeurs"	
B13	=Employeur!D22	Afficher la valeur de la cellule D22 du tableau "Employeurs"	
C13	=Employeur!D23	Afficher la valeur de la cellule D23 du tableau "Employeurs"	
EI3	=Salariés!B3	Afficher la valeur de la cellule B3 du tableau "Salariés"	
EI4	=Salariés!B4	Afficher la valeur de la cellule B4 du tableau "Salariés"	
EI5	=Salariés!B5	Afficher la valeur de la cellule B5 du tableau "Salariés"	
EI6	=Salariés!B7	Afficher la valeur de la cellule B7 du tableau "Salariés"	
E7	=Salariés!B9	Afficher la valeur de la cellule B9 du tableau "Salariés"	
G7	=Salariés!B8	Afficher la valeur de la cellule B8 du tableau "Salariés"	
I7	=Salariés!B10	Afficher la valeur de la cellule B10 du tableau "Salariés"	
EI8	=Salariés!B6	Afficher la valeur de la cellule B6 du tableau "Salariés"	
EI9	=Salariés!B15	Afficher la valeur de la cellule B15 du tableau "Salariés"	
EI10	=Salariés!B16	Afficher la valeur de la cellule B16 du tableau "Salariés"	
EF12	=Salariés!B11	Afficher la valeur de la cellule B11 du tableau "Salariés"	
EF13	=Salariés!B13	Afficher la valeur de la cellule B13 du tableau "Salariés"	
HI12	=SI(Salariés!B12<>0;Salariés!B12;"")	Si la cellule B12 du tableau "Salariés" contient une date de sortie alors reporter cette date sinon ne rien indiquer	
HI13	=Salariés!B14	Afficher la valeur de la cellule B14 du tableau "Salariés"	
DF14	=Employeur!C4	Afficher la valeur de la cellule C4 du tableau "Employeurs"	
HI14	=Employeur!E4	Afficher la valeur de la cellule E4 du tableau "Employeurs"	

Une fois ces formules en place, votre ZONE N°1 est opérationnelle vous pouvez la tester en remplissant des données dans vos feuilles « Employeur » et « Salariés ».

Si tout fonctionne correctement vous pouvez passer aux formules de la ZONE N°2.

FORMULES DE CALCULS - ZONE N°2

La ZONE N°2 (non grisée) est une zone de contenu variable : elle peut en effet aller du plus simple, avec juste une ligne de salaire brut à traiter, au plus complexe avec des lignes de primes, d'heures supplémentaires, de réintégrations, des traitements d'absence ou d'indemnités de sécurité sociale etc…

En bref, tous les éléments non exonérés de charges qui peuvent composer ou influer sur le salaire brut se trouveront dans cette partie du bulletin.

Le but étant ici de permettre la construction d'un bulletin de base clair et opérationnel, il est important de ne pas se perdre d'ores et déjà dans toutes ces spécificités de traitements particuliers. Ils sont en effet en paie extrêmement nombreux et complexes et nécessiteront, pour la plupart, la création de feuilles annexes de gestion des calculs.

Nous garderons donc le mode opératoire pas à pas et ne traiterons que les éléments de base ainsi que les heures supplémentaires (car celles-ci influent directement sur la CSG / CRDS et le net imposable).

Tous les autres éléments ne sont finalement que des insertions de lignes positives ou négatives, c'est pourquoi nous avons laissé cette petite dizaine de lignes prêtes, en fonction des situations, à :

- Être renseignées ou liées à votre tableau « Salariés » étoffé pour les plus données les plus simples (primes, ajustements de salaire etc…)

OU

- Être reliées pour les points plus complexes (absences, maladie, réintégrations etc…) à des feuilles de calculs annexes que vous aurez créé lorsque vous aurez étudié ces points spécifiques dans les modules consacrés de votre formation.

Au risque de me répéter, il est impératif de procéder ainsi pour ne perdre le fil ; vouloir tout intégrer à la création n'est ni viable, ni véritablement possible : trop d'éléments d'informations et de pratique vous manquent en début de formation.

	A	B	C	D	E	F	G	H	I
1				BULLETIN DE SALAIRE					
2	EMPLOYEUR			SALARIÉS					
3	Nom	=Employeur!B6		Nom	=Salariés!B3				
4	Adresse	=Employeur!B8		Prénom	=Salariés!B4				
5		=Employeur!B9		Emploi	=Salariés!B5				
6		=Employeur!B10		Matricule	=Salariés!B7				
7	N° Siret	=Employeur!B13		Coeff./Indice	=Salariés!B9	Niveau	=Salariés!B8	Echelon	=Salariés!B10
8	Code APE	=Employeur!B14		N° de S.S.	=Salariés!B6				
9	URSSAF	=Employeur!B16		Adresse	=Salariés!B15				
10	Convention Collective				=Salariés!B16				
11									
12		=Employeur!B18		Entrée	=Salariés!B11	Sortie		=SI(Salariés!B12<>0;Salariés!B12;"")	
13	Date de paiement	=Employeur!D22	=Employeur!D23	Contrat	=Salariés!B13	Statut		=Salariés!B14	
14	PÉRIODE DU			=Employeur!C4			AU	=Employeur!E4	
15						Base		Taux	
16	=SI(Salariés!B19<>"OUI"; "Salaire de base";"Salaire au forfait")		=SI(Salariés!B19<>"OUI";"";Salariés!B20)			=Salariés!B22		=SI(Salariés!B21<>0;Salarié	=Salariés!B25
17	Prime d'ancienneté								
18	Prime d'insalubrité								
19									
20									
21									
22	=SI(Salariés!B27<>0;Salariés!A27;"")					=Salariés!B27		=SI(A22<>"";H16*1,25;0)	=F22*H22
23	=SI(Salariés!B28<>0;Salariés!A28;"")					=Salariés!B28		=SI(A23<>"";H16*1,5;0)	=F23*H23
24								SALAIRE BRUT TOTAL	=SOMME(I16:I23)

Cellules	Formules	Lecture de la formule	Objectif de la formule
		ZONE N°2	
AB16	=SI(Salariés!B19<>"OUI"; "Salaire de base";"Salaire au forfait")	Si le tableau "Salariés" indique en B19 que le salarié n'est pas un salarié au forfait alors afficher la mention "Salaire de base" dans la ligne, sinon afficher la mention "Salaire au forfait"	Permettre de gérer la ligne de titre en fonction de la situation contractuelle du salarié
CDE16	=SI(Salariés!B19<>"OUI";"";Salariés!B20)	Si le tableau "Salariés" indique en B19 que le salarié n'est pas un salarié au forfait alors ne rien faire, sinon reporter la valeur du forfait mentionné en B20 du tableau "Salariés"	Permet de ne pas oublier de reporter la valeur du forfait pour un salarié forfaité car il s'agit d'une mention obligatoire
F16	=Salariés!B22	Afficher la valeur de la cellule B22 du tableau "Salariés"	
H16	=SI(Salariés!B21<>0;Salariés!B21;SI((F16<>0);(I16/F16);0))	Si un taux horaire est renseigné dans la cellule B21 du tableau "Salariés" alors indiquer ce taux sinon si le nombre d'heures en F16 est renseigné alors diviser le salaire brut du bulletin (I16) par le nombre d'heures renseignées sinon ne rien indiquer	Disposer d'un taux horaire nécessaire à la gestion des heures supplémentaires, y compris lorsque l'énoncé n'indique qu'un salaire brut + éviter un message d'erreur lorsqu'aucun nombre d'heures n'est porté **NOTE PARTICULIÈRE** : Nous traitons ici le cas basique des heures supplémentaires ; il faut néanmoins ne pas oublier que certaines primes (par exemple assiduité, froid, polyvalence...) sont à inclure au taux horaire majorable, vous devrez donc compléter votre formule lorsque vous aurez étudié ce point (vous trouverez le tableau complet des primes concernées dans le livret "MON INDISPENSABLE MÉMO PAIE 2021 - Les formules et tableaux essentiels")
I16	=Salariés!B25	Afficher la valeur de la cellule B25 du tableau "Salariés"	
AE22	=SI(Salariés!B27<>0;Salariés!A27;"")	Si le tableau "Salariés" comprend des heures supplémentaires (majorables à 25%) en B27 alors afficher la ligne de titre des heures majorées correspondantes dans le bulletin de salaire sinon ne rien indiquer.	Faire afficher une ligne de titre "Heures supplémentaires majorées à 25%" seulement si des heures supplémentaires ont bien été effectuées sur le mois concerné.
AE23	=SI(Salariés!B28<>0;Salariés!A28;"")	Si le tableau "Salariés" comprend des heures supplémentaires (majorables à 50%) en B28 alors afficher la ligne de titre des heures majorées correspondantes dans le bulletin de salaire sinon ne rien indiquer.	Faire afficher une ligne de titre "Heures supplémentaires majorées à 50%" seulement si des heures supplémentaires ont bien été effectuées sur le mois concerné.
F22	=Salariés!B27	Afficher la valeur de la cellule B27 du tableau "Salariés"	
F23	=Salariés!B28	Afficher la valeur de la cellule B27 du tableau "Salariés"	
H22	=SI(A22<>"";H16*1,25;0)	Si la ligne de titre "Nombre d'heures supplémentaires majorées à 25%" n'est pas vide alors multiplier le taux horaire situé en H16 par 1,25 sinon indiquer zéro	Majorer le taux horaire normal de 25%
H23	=SI(A23<>"";H16*1,5;0)	Si la ligne de titre "Nombre d'heures supplémentaires majorées à 50%" n'est pas vide alors multiplier le taux horaire situé en H16 par 1,50 sinon indiquer zéro	Majorer le taux horaire normal de 50%
I22	=F22*H22	Multiplier la base par le taux pour obtenir le montant total	
I23	=F23*H23	Multiplier la base par le taux pour obtenir le montant total	
I24	=SOMME(I16:I23)	Additionner les lignes de J16 à J22	Obtenir le salaire brut total pour le cas

Comme vous pouvez le constater, il est important de prévoir la gestion automatique de l'affichage des heures supplémentaires par une formule (cellules A22 et A23) afin de pouvoir les traiter automatiquement par la suite dans les calculs des CSG / CRDS et du net imposable.

Vous pouvez donc, une fois les formules saisies, éventuellement **verrouiller vos cellules en ligne 22 et 23** afin de ne pas risquer de les écraser lors de vos tests.

Une fois ces formules en place, votre ZONE N°2 est opérationnelle vous pouvez la tester en remplissant des données dans votre feuille « Salariés ».

Si tout fonctionne correctement vous pouvez passer aux formules de la ZONE N°3.

FORMULES DE CALCULS - ZONE N°3

La principale difficulté de la zone N°3 est de prévoir l'affichage ou non des lignes soumises à des conditions de montant du salaire brut, ainsi que de permettre la variation automatique des taux en fonction des conditions de plafonds et d'effectif.

Cette zone sera donc la plus longue à développer et je vous détaillerai les formules et leur objectif dans les tableaux des pages suivantes afin de vous permettre de prendre les annotations nécessaires.

	COTISATIONS ET CONTRIBUTIONS SOCIALES (A / B)	BASES (C)	RETENUES SALARIALES — TAUX (D / E)	MONTANTS (F)	CHARGES PATRONALES — TAUX (G / H)	MONTANTS (I)
26	Plafond S.S. du mois	=Cotisations!B49				
27	SANTÉ					
28	=SI(I24<>0;GAUCHE(Cotisations!A4;55);0)	=I24	=SI(Employeur!C11<>"OUI";Co...	=C28*D28	=SI(I24=0;0;SI(I24<=Cotisations!B89;Cotisations!C4...	=-C28*G28
29	=SI(Employeur!C27<>0;Employeur!A27;"")	=SI(A29<>0;Employ...	=SI(C29<>0;Employeur!B27;0)	=C29*D29	=SI(C29<>0;Employeur!C27;0)	=-C29*G29
30	=SI(Employeur!C28<>0;Employeur!A28;"")	=SI(A30<>0;Employ...	=SI(C30<>0;Employeur!B28;0)	=C30*D30	=SI(C30<>0;Employeur!C28;0)	=-C30*G30
31	=SI(ET(Salariés!B14="Cadre";I30<1,5%*C26);Cotisations!A...	=SI(A31<>0;C26;0)		=C31*D31	=SI(ET(A31<>0;I30<1,5%*C26);I31/C31;0)	=SI(A31<>0;1,5%...
32						
33	ACCIDENT DU TRAVAIL-MALADIE PROFESSIONNELL	=I24	=SI(C33<>0;Cotisations!B12;0)	=C33*D33	=SI(C33<>0;Employeur!C30;0)	=-C33*G33
34						
35	RETRAITE					
36	=Cotisations!A8	=SI(I24<=C26;I24;C2...	=SI(C36<>0;Cotisations!B8;0)	=C36*D36	=SI(C36<>0;Cotisations!C8;0)	=-C36*G36
37	=Cotisations!A9	=I24	=SI(C37<>0;Cotisations!B9;0)	=C37*D37	=SI(C37<>0;Cotisations!C9;0)	=-C37*G37
38						
39	=SI(I24<>0;Cotisations!A28;"")	=SI(I24<=C26;I24;C2...	=SI(C39<>0;Cotisations!B28;0)	=-C39*D39	=SI(C39<>0;Cotisations!C28;0)	=-C39*G39
40	=SI(I24>Cotisations!B58;Cotisations!A29;"")	=SI(I24<=C26;0;SI(I2...	=SI(C40<>0;Cotisations!B29;0)	=C40*D40	=SI(C40<>0;Cotisations!C29;0)	=-C40*G40
41	=SI(I24<>0;Cotisations!A30;"")	=SI(I24<=C26;I24;C2...	=SI(C41<>0;Cotisations!B30;0)	=-C41*D41	=SI(C41<>0;Cotisations!C30;0)	=-C41*G41
42	=SI(I24>Cotisations!B58;Cotisations!A31;"")	=SI(I24<=C26;0;SI(I2...	=SI(C42<>0;Cotisations!B31;0)	=C42*D42	=SI(C42<>0;Cotisations!C31;0)	=-C42*G42
43	=SI(I24>Cotisations!B58;Cotisations!A32;"")	=SI(I24>C26;C39-C4...	=SI(C43<>0;Cotisations!B32;0)	=C43*D43	=SI(C43<>0;Cotisations!C32;0)	=-C43*G43
44						
45						
46	=SI(Employeur!C29<>0;Employeur!A29;"")	=SI(Employeur!C29<...	=SI(C46<>0;Employeur!B29;0)	=C46*D46	=SI(C46<>0;Employeur!C29;0)	=-C46*G46
47	FAMILLE	=I24	=SI(I24<=Cotisations!B65;Cotisatio...	=C47*D47	=SI(I24=0;0;SI(I24<=Cotisations!B65;Cotisations!C1...	=-C47*G47
48	ASSURANCE CHÔMAGE (y compris AGS)	=SI(I24<4*C26;I24;C...	=SI(C48<>0;Cotisations!B24;0)	=C48*D48	=SI(C48<>0;Cotisations!C24+Cotisations!C25;0)	=-C48*G48
49	=SI(Salariés!B14<>"Cadre";"";Cotisations!A26)	=SI(H13<>"Cadre";0;...	=SI(C49<>0;Cotisations!B26;0)	=C49*D49	=SI(C49<>0;Cotisations!C26;0)	=-C49*G49
50				=SI(C50*D50		=-C50*G50
51	AUTRES CONTRIBUTIONS DUES PAR L'EMPLOYEUR	=SI(ET(Employeur!B...		=-C51*D51	=SI(C51<>0;D90;0)	=E90
52	=SI(Employeur!B15>=11;"AUTRES CONTRIBUTIONS D...	=SI(Employeur!B15>...		=-C52*D52	=SI(C52<>0;Cotisations!C17;0)	=-C52*G52
53	=SI(I46<>0;"AUTRES CONTRIBUTIONS DUES PAR L'E...	=SI(I46<>0;I46;0)		=-C53*D53	=SI(C53<>0;Cotisations!C18;0)	=-C53*G53
54						
55	CSG DÉDUCTIBLE de l'impôt sur le revenu	=SI(I24<Cotisations!B...	=SI(C55<>0;Cotisations!B20;0)	=C55*D55		
56	CSG/CRDS NON DÉD.de l'impôt sur le revenu	=C55	=SI(C56<>0;Cotisations!B19-Cotisa...	=C56*D56		
57	=SI(Salariés!B29>0;"CSG/CRDS non déd.de l'impôt sur le reve...	=SI((I22-I23)>0;(I2...	=SI(C57<>0;Cotisations!B19-Cotisa...	=C57*D57		
58	SOUS-TOTAL			=SOMME(F...		=SOMME(I27:I5...
59	ALLÈGEMENTS DES COTISATIONS	=SI((I22-I23)<>0;I22...	=SI((I22-I23)<>0;D36+D37+D39+...	=-C59*D59		
60	TOTAL DES COTISATIONS			=-F58-F59		=-I58-I59

Cellules	Formules	Lecture de la formule	Objectif de la formule
		ZONE N°3	
		COLONNE FUSIONNÉE "AB" - Cotisations et contributions sociales	
AB28	=SI(I24<>0;GAUCHE(Cotisations!A4;55);0)	Si le salaire brut est différent de 0 alors reporter les 55 premiers caractères en partant de la gauche inscrits dans la cellule A4 du tableau "Cotisations", sinon ne rien indiquer	Permet de n'afficher la ligne que si le salaire est différent de 0 (certains cas nécessitent en effet l'édition d'un bulletin de paie à 0 comme le cas du congé parental par exemple). La fonction gauche permet elle de récupérer le libellé générique de la ligne inscrite dans le tableau "Cotisations" en supprimant les infos qui n'ont pas lieu d'être inscrites sur le bulletin de salaire (région et plafond de salaire)
AB29	=SI(Employeur!C27<>0;Employeur!A27;"")	Si la cellule C27 du tableau "Employeurs" est différente de zéro alors inscrire la ligne de titre située en A27 du tableau "Employeurs" sinon ne rien indiquer	Permet de n'afficher la ligne "Complémentaire Santé" que si elle a lieu d'être
AB30	=SI(Employeur!C28<>0;Employeur!A28;"")	Si la cellule C28 du tableau "Employeurs" est différente de zéro alors inscrire la ligne de titre située en A28 du tableau "Employeurs" sinon ne rien indiquer	Permet de n'afficher la ligne "Prévoyance" que si elle a lieu d'être **NOTE PARTICULIÈRE** : Concernant la prévoyance vous pourrez une fois votre trame opérationnelle la compléter pour envisager les cas (relativement rares mais existants) où le taux de cotisation prévu par le contrat varie en fonctions des tranches de salaire
AB31	=SI(ET(Salariés!B14="Cadre";I30<1,5%*C26);Cotisations!A34;0)	Si la cellule B14 du tableau "Salariés" est égale à "Cadre" ET que le montant situé en I30 est inférieur à 1,5% x tranche A du mois alors inscrire la ligne de titre située en A34 du tableau "Cotisations" sinon ne rien indiquer	Permet de n'afficher la ligne "Prévoyance cadres minimum" que si celle-ci a lieu d'être. Pour rappel, le minimum légal pour un cadre est de 1,5% de la tranche A, si donc ce minimum n'est pas couvert par le contrat en cours (ou que même aucun contrat prévoyance n'a été souscrit par l'employeur), il faut ajuster le montant pour atteindre ce minimum, d'où l'intérêt de notre ligne 31 et de ses divers calculs
AB36	=SI(I24<>0;Cotisations!A8;"")	Si le salaire brut est différent de 0 alors inscrire la ligne de titre située en A8 du tableau "Cotisations" sinon ne rien indiquer	Permet de n'afficher la ligne "Sécurité Sociale Vieillesse plafonnée" que si elle a lieu d'être
AB37	=SI(I24<>0;Cotisations!A9;"")	Si le salaire brut est différent de 0 alors inscrire la ligne de titre située en A9 du tableau "Cotisations" sinon ne rien indiquer	Permet de n'afficher la ligne "Sécurité Sociale Vieillesse déplafonnée1" que si elle a lieu d'être
AB39	=SI(I24<>0;Cotisations!A28;"")	Si le salaire brut est différent de 0 alors inscrire la ligne de titre située en A28 du tableau "Cotisations" sinon ne rien indiquer	Permet de n'afficher la ligne "Retraite complémentaire Tranche 1" que si elle a lieu d'être
AB40	=SI(I24>C26;Cotisations!A29;"")	Si le salaire brut est supérieur à la tranche 1 alors inscrire la ligne de titre située en A29 du tableau "Cotisations" sinon ne rien indiquer	Permet de n'afficher la ligne "Retraite complémentaire Tranche 2" que si elle a lieu d'être
AB41	=SI(I24<>0;Cotisations!A30;"")	Si le salaire brut est différent de 0 alors inscrire la ligne de titre située en A30 du tableau "Cotisations" sinon ne rien indiquer	Permet de n'afficher la ligne "Contribution d'Equilibre Général CEG sur tranche 1" que si elle a lieu d'être
AB42	=SI(I24>C26;Cotisations!A31;"")	Si le salaire brut est supérieur à la tranche 1 alors inscrire la ligne de titre située en A31 du tableau "Cotisations" sinon ne rien indiquer	Permet de n'afficher la ligne "Contribution d'Equilibre Général CEG sur tranche 2" que si elle a lieu d'être
AB43	=SI(I24>C26;Cotisations!A32;"")	Si le salaire brut est supérieur à la tranche 1 alors inscrire la ligne de titre située en A32 du tableau "Cotisations" sinon ne rien indiquer	Permet de n'afficher la ligne "Contribution d'Equilibre Technique CET sur tranches 1&2" que si elle a lieu d'être
AB46	=SI(Employeur!C29<>0;Employeur!A29;"")	Si la cellule C29 (retraite supplémentaire) du tableau "Employeurs" est différente de zéro alors inscrire la ligne de titre située en A29 du tableau "Employeurs" sinon ne rien indiquer	Permet de n'afficher la ligne "Retraite Supplémentaire" que si elle a lieu d'être
AB49	=SI(Salariés!B14<>"Cadre";"";Cotisations!A26)	Si la cellule B14 du tableau "Salariés" est différente de "Cadre" alors indiquer zéro sinon inscrire la ligne de titre située en A26 du tableau "Cotisations"	Permet de n'afficher la ligne "APEC Cadres" que si elle a lieu d'être
AB52	=SI(Employeur!B15>=11;"AUTRES CONTRIBUTIONS DUES PAR L'EMPLOYEUR";"")	Si l'effectif renseigné en B15 du tableau "Employeur" est supérieur ou égal à 11 salariés alors indiquer le texte "AUTRES CONTRIBUTIONS DUES PAR L'EMPLOYEUR" sinon ne rien indiquer	Permet de n'afficher la seconde ligne "AUTRES CONTRIBUTIONS DUES PAR L'EMPLOYEUR", liée au forfait social de 8% que si elle a lieu d'être
AB53	=SI(I46<>0;"AUTRES CONTRIBUTIONS DUES PAR L'EMPLOYEUR";"")	Si la cellule I46 (concernant la retraite supplémentaire)est différente de 0 alors indiquer le texte "AUTRES CONTRIBUTIONS DUES PAR L'EMPLOYEUR" sinon ne rien indiquer	Permet de n'afficher la troisième ligne "AUTRES CONTRIBUTIONS DUES PAR L'EMPLOYEUR", liée au forfait social de 20% que si elle a lieu d'être
AB57	=SI(Salariés!B29>0;"CSG/CRDS non déd.de l'impôt sur le revenu sur HS/HC";"")	Si le nombre total d'heures supplémentaires situé en B29 du tableau "Salariés" est supérieur à zéro alors afficher la ligne de titre "CSG/CRDS non déd.de l'impôt sur le revenu sur HS/HC"	Permet de n'afficher la ligne de CSG/CRDS sur heures supplémentaires et complémentaires que si elle a lieu d'être

Cellules	Formules	Lecture de la formule	Objectif de la formule
ZONE N°3			
COLONNE "C" - Bases			
C26	=Cotisations!B49		<u>NOTE PARTICULIÈRE</u> : le plafond mensuel de sécurité social doit être proratisé dans certains cas d'absences très spécifiques ; cette formule sera donc à étoffer dès lors que vous aurez étudié les cas et modes de proratisation.
C28	=I24		
C29	=SI(A29<>0;Employeur!D27;0)	Si la cellule A29 (ligne de titre pour la complémentaire santé) est différente de 0 alors indiquer la base de cotisation renseignée en D27 du tableau "Employeur" sinon ne rien indiquer	Permet de tenir compte de la base de cotisation proposée par l'énoncé qui peut tout aussi bien être le salaire brut, qu'un pourcentage du salaire brut ou qu'une ou plusieurs des tranches de Sécurité Sociale (tranche A, B…)
C30	=SI(A30<>0;Employeur!D28;0)	Si la cellule A30 (ligne de titre pour la prévoyance) est différente de 0 alors indiquer la base de cotisation renseignée en D28 du tableau "Employeur" sinon ne rien indiquer	Permet de tenir compte de la base de cotisation proposée par l'énoncé qui peut tout aussi bien être le salaire brut, qu'un pourcentage du salaire brut ou qu'une ou plusieurs des tranches de Sécurité Sociale (tranche A, B…)
C31	=SI(A31<>0;C26;0)	Si la cellule A31 (ligne de titre pour la prévoyance cadres minimum) est différente de 0 alors indiquer la la tranche A du mois sinon ne rien indiquer	Permet d'indiquer la tranche de salaire (tranche A du mois) sur laquelle est basée la prévoyance cadres légale minimum
C33	=I24		
C36	=SI(I24<=C26;I24;C26)	Si le salaire brut est inférieur ou égal au plafond de sécurité social du mois alors indiquer le salaire brut sinon indiquer le plafond de sécurité social du mois	Permet de plafonner cette cotisation à la tranche A du mois
C37	=I24		
C39	=SI(I24<=C26;I24;C26)	Si le salaire brut est inférieur ou égal à la tranche 1 du mois alors indiquer le salaire brut sinon indiquer la tranche 1 du mois	Permet de plafonner cette cotisation à la tranche 1 du mois
C40	=SI(I24<=C26;0;SI(I24>8*C26;(8*C26)-C26;I24-C26))	Si le salaire brut est inférieur ou égal à la tranche 1 du mois alors ne rien indiquer sinon si le salaire brut est supérieur à 8 fois la tranche 1 du mois alors indiquer 8 fois la tranche 1 du mois moins la tranche 1sinon indiquer le delta entre le salaire brut et la tranche 1 du mois	Permet de calculer la tranche 2 du mois d'une part et de la limiter à 8 PMSS d'autre part
C41	=SI(I24<=C26;I24;C26)	Si le salaire brut est inférieur ou égal à la tranche 1 du mois alors indiquer le salaire brut sinon indiquer la tranche 1 du mois	Permet de plafonner cette cotisation à la tranche 1 du mois
C42	=SI(I24<=C26;0;SI(I24>8*C26;(8*C26)-C26;I24-C26))	Si le salaire brut est inférieur ou égal à la tranche 1 du mois alors ne rien indiquer sinon si le salaire brut est supérieur à 8 fois la tranche 1 du mois alors indiquer 8 fois la tranche 1 du mois moins la tranche 1sinon indiquer le delta entre le salaire brut et la tranche 1 du mois	Permet de calculer la tranche 2 du mois d'une part et de la limiter à 8 PMSS d'autre part
C43	=SI(I24>C26;C39+C40;0)	Si le salaire brut est supérieur à la tranche 1 du mois alors indiquer la somme de tranche 1 + tranche 2 sinon ne rien indiquer	Permet d'appliquer la CET sur les tranches 1 et 2 de salaire dès lors que le salaire dépasse la tranche 1
C46	=SI(Employeur!C29<>0;Employeur!D29;0)	Si la cellule C29 du tableau "Employeurs" (correspondant à la retraite supplémentaire) est différente de zéro alors reporter la base saisie dans la cellule D29 du tableau "Employeurs"	Permet de tenir compte de la base de cotisation proposée par l'énoncé qui peut varier en fonction des contrats de retraite supplémentaire
C47	=I24		
C48	=SI(I24<4*C26;I24;C26+((4*C26)-C26))	Si le salaire brut est inférieur à tranche A + tranche B du mois (ce qui équivaut à 4 PMSS du mois) alors indiquer le salaire brut sinon indiquer la valeur de tranche A + tranche B du mois	Permet de limiter la cotisation chômage à tranches A + tranche B du mois lorsque le salaire dépasse la tranche B y compris lorsque le plafond de S.S. du mois est proratisé

C49	=SI(H13<>"Cadre";0;SI((I24<4*C26);I24;4*C26))	Si le statut du salarié (mentionné en HI13) est différent de "Cadre" alors indiquer 0 sinon, si le salaire brut est inférieur à tranche A + tranche B du mois (ce qui équivaut à 4 PMSS du mois) alors indiquer le salaire brut sinon indiquer la valeur de tranche A + tranche B du mois	Permet de n'afficher une base que si le salarié est cadre ET de limiter auquel cas la cotisation APEC à tranches A + tranche B lorsque le salaire dépasse la tranche B y compris lorsque le plafond de S.S. du mois est proratisé
C51	=SI(ET(Employeur!B15<50;I24>C26);0;I24)	Si l'effectif (renseigné en B15 du tableau "Employeur") est inférieur à 50 ET que le salaire brut est supérieur à la tranche A du mois, ne pas renseigner de base, sinon renseigner le salaire brut	Permet de ne pas faire afficher une base erronée : en effet, lorsque l'effectif est de moins de 50 salariés et que le salaire dépasse la tranche A , la base de cotisation du FNAL est plafonnée à la tranche A tandis que toutes les autres contributions de cette rubrique sont assises sur le salaire brut total. Il serait donc inexact de porter le salaire brut en base dans ce cas précis. C'est pourquoi nous spécifions de ne pas renseigner de base dans cette configuration ; nous portons juste en GH 51 et I51 le taux global et le total calculés dans le petit tableau annexe
C52	=SI(Employeur!B15>=11;I29+I30+I31;0)	Si l'effectif renseigné en B15 du tableau "Employeur" est supérieur ou égal à 11 salariés alors additionner la complémentaire santé + la prévoyance + la prévoyance cadres minimum (le cas échéant) sinon ne rien indiquer	Permet de caculer la base de cotisation du forfait social 8% applicable aux entreprises d'au moins 11 salariés
C53	=SI(I46<>0;I46;0)	Si la ligne de retraite supplémentaire est différente de 0 alors indiquer le montant total de la cellule I46 sinon ne rien indiquer	Permet de caculer la base de cotisation du forfait social 20% applicable aux cotisations patronales pour les contrats de retraite supplémentaire.
C55	=SI(I24<Cotisations!B68;(I24*98,25%-(((I22+I23)*98,25%))+I29+I30+I31+I46);((Cotisations!B68*98,25%)-(I22+I23)*98,25%+(I24-Cotisations!B68)+I29+I30+I31+I46))	Si le salaire brut est inférieur à 4 PMSS alors faire 98,25% du salaire brut MOINS 98,25% du montant des heures supplémentaires PLUS le montant des cotisations patronales de prévoyance, de frais de santé et de retraite supplémentaire sinon faire 98,25% du salaire brut sur la part de 4 PMSS PLUS 100% de la part de salaire brut dépassant 4 PMSS MOINS 98,25% du montant des heures supplémentaires PLUS le montant des cotisations patronales de prévoyance, de frais de santé et de retraite supplémentaire	Permet de gérer à la fois les heures supplémentaires le cas échéant ainsi que les éventuels dépassements de plafond en une seule opération
C56	=C55	Les CSG/CRDS déductibles et non déductibles auront en toute logique la même base de cotisation	
C57	=SI((I22+I23)<>0;(I22+I23)*98,25%;0)	Si le total du montant des heures supplémentaires du mois est différent de zéro alors afficher 98,25% de ce montant sinon ne rien indiquer	Permet de n'indiquer une base de CSG/CRDS non déd.de l'impôt sur le revenu sur heures supplémentaires / heures complémentaires que si des heures supplémentaires ou complémentaires ont été effectuées sur le mois
C59	=SI(I22+I23<>0;I22+I23;0)	Si le total du montant des heures supplémentaires du mois est différent de zéro alors afficher le total de ces heures sinon ne rien indiquer	Permet de n'indiquer une base d'allègement salariale que si des heures supplémentaires ou complémentaires ont été effectuées sur le mois

Cellules	Formules	Lecture de la formule	Objectif de la formule
ZONE N°3			
COLONNE FUSIONNÉE "DE" - Retenues salariales (Taux)			
DE28	=SI(Employeur!C11<>"OUI";Cotisations!B4;Cotisations!B6)	Si le tableau "Employeur" indique dans la cellule C11 que l'employeur appartient à la région Alsace-Moselle alors indiquer le taux situé en B4 du tableau "Cotisations" sinon indiquer le taux situé en B6 du tableau "Cotisations"	Permet de gérer la condition de région (Alsace-Moselle ou non) ; en revanche, le taux de cotisation salarié pour Alsace-Moselle ou HORS Alsace-Moselle étant identiques que la rémunération soit inférieure ou supérieure à 2,5 SMIC, il n'y a pas la neccessité ici de prévoir une formmule à conditions multiples,
DE29	=SI(C29<>0;Employeur!B27;0)	Si la base de salaire en C29 est différente de 0 alors indiquer le taux situé en B27 du tableau Employeur" sinon ne rien indiquer	Permet de n'afficher la ligne que si elle a lieu d'être (la ligne reste ainsi vide si le salaire brut est à 0 comme par exemple dans le cadre du congé parental)
DE30	=SI(C30<>0;Employeur!B28;0)	Si la base de salaire en C30 est différente de 0 alors indiquer le taux situé en B28 du tableau Employeur" sinon ne rien indiquer	Permet de n'afficher la ligne que si elle a lieu d'être
DE31	NÉANT	La cotisation prévoyance cadre minimum est une cotisation patronale c'est pourquoi la formule est 0 côté salarié	
DE33	=SI(C33<>0;Cotisations!B12;0)	Si la base en C33 est différente de 0 alors indiquer le taux situé en B12 du tableau "Cotisations" sinon ne rien indiquer	Permet de n'afficher le taux de cotisation que s'il a lieu d'être
DE36	=SI(C36<>0;Cotisations!B8;0)	Si la base en C36 est différente de 0 alors indiquer le taux situé en B8 du tableau "Cotisations" sinon ne rien indiquer	Permet de n'afficher le taux de cotisation que s'il a lieu d'être
DE37	=SI(C37<>0;Cotisations!B9;0)	Si la base en C37 est différente de 0 alors indiquer le taux situé en B9 du tableau "Cotisations" sinon ne rien indiquer	Permet de n'afficher le taux de cotisation que s'il a lieu d'être
DE39	=SI(C39<>0;Cotisations!B28;0)	Si la base en C39 est différente de 0 alors indiquer le taux situé en B28 du tableau "Cotisations" sinon ne rien indiquer	Permet de n'afficher le taux de cotisation que s'il a lieu d'être
DE40	=SI(C40<>0;Cotisations!B29;0)	Si la base en C40 est différente de 0 alors indiquer le taux situé en B29 du tableau "Cotisations" sinon ne rien indiquer	Permet de n'afficher le taux de cotisation que s'il a lieu d'être
DE41	=SI(C41<>0;Cotisations!B30;0)	Si la base en C41 est différente de 0 alors indiquer le taux situé en B30 du tableau "Cotisations" sinon ne rien indiquer	Permet de n'afficher le taux de cotisation que s'il a lieu d'être
DE42	=SI(C42<>0;Cotisations!B31;0)	Si la base en C42 est différente de 0 alors indiquer le taux situé en B31 du tableau "Cotisations" sinon ne rien indiquer	Permet de n'afficher le taux de cotisation que s'il a lieu d'être
DE43	=SI(C43<>0;Cotisations!B32;0)	Si la base en C43 est différente de 0 alors indiquer le taux situé en B32 du tableau "Cotisations" sinon ne rien indiquer	Permet de n'afficher le taux de cotisation que s'il a lieu d'être
DE46	=SI(C46<>0;Employeur!B29;0)	Si la base en C46 est différente de 0 alors indiquer le taux situé en B29 du tableau "Employeur" sinon ne rien indiquer	Permet de n'afficher le taux de cotisation que s'il a lieu d'être
DE47	=SI(I24<=Cotisations!B66;Cotisations!B10;Cotisations!B11)	Si le salaire brut est inférieur ou égal à 3,5 SMIC alors indiquer le taux de cotisation situé en B10 du tableau "Cotisations" sinon indiquer le taux de cotisation situé en B11 du tableau "Cotisations"	Permet de gérer la mofication du taux en fonction du dépassement ou non du seuil de 3,5 SMIC
DE48	=SI(C48<>0;Cotisations!B24;0)	Si la base en C48 est différente de 0 alors indiquer le taux situé en B24 du tableau "Cotisations" sinon ne rien indiquer	Permet de n'afficher le taux de cotisation que s'il a lieu d'être
DE49	=SI(C49<>0;Cotisations!B26;0)	Si la base en C49 est différente de 0 alors indiquer le taux situé en B26 du tableau "Cotisations" sinon ne rien indiquer	Permet de n'afficher le taux de cotisation que s'il a lieu d'être
DE55	=SI(C55<>0;Cotisations!B20;0)	Si la base en C55 est différente de 0 alors indiquer le taux situé en B20 du tableau "Cotisations" sinon ne rien indiquer	Permet de n'afficher le taux de cotisation que s'il a lieu d'être
DE56	=SI(C56<>0;Cotisations!B19+Cotisations!B21;0)	Si la base en C55 est différente de 0 alors indiquer la somme des taux situés en B19 et B21 du tableau "Cotisations" sinon ne rien indiquer	Permet de n'afficher le taux de cotisation que s'il a lieu d'être
DE57	=SI(C57<>0;Cotisations!B19+Cotisations!B20+Cotisations!B21;0)	Si la base en C57 est différente de 0 alors indiquer la somme des taux situés en B19, B20 et B21 du tableau "Cotisations" sinon ne rien indiquer	Permet de n'afficher le taux de cotisation que s'il a lieu d'être

DE59	**NOTE PARTICULIÈRE** : La ligne 59 du côté salarial concernera les allègements spécifiques de charges sur heures supplémentaires. Nous traiterons ici la réduction de base soit 11,31% (vous saisirez donc le taux de façon manuelle). Vous devrez ensuite avoir étudié le cas particuliers du dépassement de la tranche 1 (qui vous obligera à calculer un taux moyen), ainsi que le cas de cotisations supérieures aux cotisations du régime obligatoire de base (qui vous obligera à limiter votre taux à 11,31%) pour pouvoir gérer les spécificités de cette zone dans une feuille parallèle (que vous lierez ensuite par la formule adaptée afin que la gestion de tous les cas de figure soit automatique). Il est important sur tous ces points particuliers que vous puissiez décortiquer vous-même la démarche avant d'en gérer la formule. Cela vous permettra de ne pas vous trouver dépourvus si, comme cela arrive extrêmement souvent en paie, le mode de calcul était modifié par l'administration fiscale et vous contraignait donc à mettre votre trame à jour,

Cellules	Formules	Lecture de la formule	Objectif de la formule
		ZONE N°3	
		COLONNE "F" - Retenues salariales (Montants)	
F28	=C28*D28		
F29	=C29*D29		
F30	=C30*D30		
F31	=C31*D31		
F33	=C33*D33		
F36	=C36*D36		
F37	=C37*D37		
F39	=C39*D39		
F40	=C40*D40		
F41	=C41*D41		
F42	=C42*D42		
F43	=C43*D43		
F46	=C46*D46		
F47	=C47*D47		
F48	=C48*D48		
F49	=C49*D49		
F51	=C51*D51		
F52	=C52*D52		
F53	=C53*D53		
F55	=C55*D55		
F56	=C56*D56		
F57	=C57*D57		
F58	=SOMME(F28:F57)		
F59	=-C59*D59	Pensez à bien indiquer le signe " - " après le "=" pour que cet allègement se porte en négatif et donc bien en déduction du total de vos cotisations salariales situé en F60	
F60	=F58+F59		

Cellules	Formules	Lecture de la formule	Objectif de la formule
		ZONE N°3	
		COLONNE FUSIONNÉE "GH" - Charges patronales (Taux)	
GH28	=SI(I24=0;0;SI(I24<=Cotisations!B65;Cotisations!C4;SI(I24>Cotisations!B65;Cotisations!C5)))	Si le salaire brut est égal à 0 alors indiquer 0 sinon si le salaire brut est <= 2,5 SMIC alors indiquer la valeur située en C4 du tableau "Cotisations" sinon si la cellule I24 du salaire brut est > 2,5 SMIC alors indiquer la valeur située en C5 du tableau "Cotisations"	Permet de gérer à la fois la mise à 0 du taux si le salaire brut est égal à 0 et à la fois la condition de seuil de salaire : l'allègement de 6% n'est en effet applicable que sur les salaires <= 2,5 SMIC (en revanche la région Alsace-Moselle ou non n'a pas d'impact du côté employeur, les taux étant identiques quelque soit la région)
GH29	=SI(C29<>0;Employeur!C27;0)	Si la base en C29 est différente de 0 alors indiquer le taux situé en C27 du tableau "Employeur" sinon ne rien indiquer	Permet de n'afficher le taux de cotisation que s'il a lieu d'être
GH30	=SI(C30<>0;Employeur!C28;0)	Si la base en C30 est différente de 0 alors indiquer le taux situé en C28 du tableau "Employeur" sinon ne rien indiquer	Permet de n'afficher le taux de cotisation que s'il a lieu d'être
GH31	=SI(ET(A31<>0;I30<1,5%*C26);I31/C31;0)	Si la ligne A31 n'est pas vide ET que le montant de la prévoyance indiquée en I30 pour ce cadre est inférieur à 1,5% x tranche A du mois alors diviser le delta entre 1,5% x tranche A et la prévoyance inscrite en ligne I31 par le montant de la tranche A (afin d'obtenir le taux) sinon ne rien indiquer	Permet de calculer le taux résiduel à appliquer à la tranche A pour atteindre le minimum de 1,5% x tranche A de contrat prévoyance lorsque la prévoyance prévue par l'employeur (montant en I30) ne couvre pas totalement le minimum légal
GH33	=SI(C33<>0;Employeur!C30;0)	Si la base en C33 est différente de 0 alors indiquer le taux situé en C30 du tableau "Employeur" sinon ne rien indiquer	Permet de n'afficher le taux de cotisation que s'il a lieu d'être
GH36	=SI(C36<>0;Cotisations!C8;0)	Si la base en C36 est différente de 0 alors indiquer le taux situé en C8 du tableau "Cotisations" sinon ne rien indiquer	Permet de n'afficher le taux de cotisation que s'il a lieu d'être
GH37	=SI(C37<>0;Cotisations!C9;0)	Si la base en C37 est différente de 0 alors indiquer le taux situé en C9 du tableau "Cotisations" sinon ne rien indiquer	Permet de n'afficher le taux de cotisation que s'il a lieu d'être
GH39	=SI(C39<>0;Cotisations!C28;0)	Si la base en C39 est différente de 0 alors indiquer le taux situé en C28 du tableau "Cotisations" sinon ne rien indiquer	Permet de n'afficher le taux de cotisation que s'il a lieu d'être
GH40	=SI(C40<>0;Cotisations!C29;0)	Si la base en C40 est différente de 0 alors indiquer le taux situé en C29 du tableau "Cotisations" sinon ne rien indiquer	Permet de n'afficher le taux de cotisation que s'il a lieu d'être
GH41	=SI(C41<>0;Cotisations!C30;0)	Si la base en C41 est différente de 0 alors indiquer le taux situé en C30 du tableau "Cotisations" sinon ne rien indiquer	Permet de n'afficher le taux de cotisation que s'il a lieu d'être
GH42	=SI(C42<>0;Cotisations!C31;0)	Si la base en C42 est différente de 0 alors indiquer le taux situé en C31 du tableau "Cotisations" sinon ne rien indiquer	Permet de n'afficher le taux de cotisation que s'il a lieu d'être
GH43	=SI(C43<>0;Cotisations!C32;0)	Si la base en C43 est différente de 0 alors indiquer le taux situé en C32 du tableau "Cotisations" sinon ne rien indiquer	Permet de n'afficher le taux de cotisation que s'il a lieu d'être
GH46	=SI(C46<>0;Employeur!C29;0)	Si la base en C46 est différente de 0 alors indiquer le taux situé en C29 du tableau "Employeur" sinon ne rien indiquer	Permet de n'afficher le taux de cotisation que s'il a lieu d'être
GH47	=SI(I24=0;0;SI(I24<=Cotisations!B66;Cotisations!C10;SI(I24>Cotisations!B66;Cotisations!C11)))	Si le salaire brut est égal à 0 alors indiquer 0 sinon si le salaire brut est inférieur ou égal à 3,5 SMIC alors indiquer le taux de cotisation situé en C10 du tableau "Cotisations" sinon si le salaire brut est supérieur à 3,5 SMIC indiquer le taux de cotisation situé en C11 du tableau "Cotisations"	Permet de gérer à la fois la variation du taux en fonction du seuil de 3,5 SMIC et à la fois la mise à 0 du taux si le salaire brut est égal à 0
GH48	=SI(C48<>0;Cotisations!C24+Cotisations!C25;0)	Si la base en C48 est différente de 0 alors indiquer la somme des taux situés en C24 et C25 du tableau "Cotisations" sinon ne rien indiquer	Permet de n'afficher le taux de cotisation que s'il a lieu d'être
GH49	=SI(C49<>0;Cotisations!C26;0)	Si la base en C49 est différente de 0 alors indiquer le taux situé en C26 du tableau "Cotisations" sinon ne rien indiquer	Permet de n'afficher le taux de cotisation que s'il a lieu d'être
GH51	=SI(I24<>0;D90;0)	Si le salaire brut est différent de 0 alors indiquer le taux total calculé en D90 (dans le petit tableau récapitulatif des "Autres contributions dues par l'employeur" situé sous votre bulletin de salaire) sinon ne rien indiquer	Permet d'afficher le taux global qui est calculé à part dans le petit tableau récapitulatif des "Autres contributions dues par l'employeur" situé sous votre bulletin de salaire, ce taux variant systématiquement en fonction de multiples conditions

Cellules	Formules	Lecture de la formule	Objectif de la formule
GH52	=SI(C52<>0;Cotisations!C17;0)	Si la base en C52 est différente de 0 alors indiquer le taux situé en C17 du tableau "Cotisations" sinon ne rien indiquer	Permet de n'afficher le taux de cotisation que s'il a lieu d'être
GH53	=SI(C53<>0;Cotisations!C18;0)	Si la base en C53 est différente de 0 alors indiquer le taux situé en C18 du tableau "Cotisations" sinon ne rien indiquer	Permet de n'afficher le taux de cotisation que s'il a lieu d'être
GH55			
GH56			.
GH57			
GH59			

Cellules	Formules	Lecture de la formule	Objectif de la formule
ZONE N°3			
COLONNE "I" - Charges patronales (Montants)			
I28	=C28*G28		
I29	=C29*G29		
I30	=C30*G30		
I31	=SI(A31<>0;1,5%*C26-I30;0)	Si la ligne de titre située en A31 n'est pas vide alors indiquer indiquer le montant du delta entre 1,5% x tranche A et la prévoyance inscrite en ligne I30 sinon ne rien indiquer	Permet de calculer le delta à ajouter à la prévoyance pour atteindre le minimum de 1,5% x tranche A obligatoire pour les contrats cadres
I33	=C33*G33		
I36	=C36*G36		
I37	=C37*G37		
I39	=C39*G39		
I40	=C40*G40		
I41	=C41*G41		
I42	=C42*G42		
I43	=C43*G43		
I46	=C46*G46		
I47	=C47*G47		
I48	=C48*G48		
I49	=C49*G49		
I51	=E90	E90 étant pour mémo la cellule indiquant le total de votre petit tableau récapitulatif des "Autres contributions dues par l'employeur" situé sous votre bulletin de salaire	
I52	=C52*G52		
I53	=C53*G53		
I55			
I56			
I57			
I58	=SOMME(I28:I57)		
I59	**NOTE PARTICULIÈRE** : La ligne 59 du côté patronal concernera les allègements spécifiques de charges dédiés à l'employeur. Nous traiterons ici la réduction Fillon et les heures TEPA. Là également vous devrez avoir étudié les modes de calcul de ces deux réductions pour les gérer dans une feuille parallèle (que vous lierez ensuite par la formule adaptée). Ici également la cellule est grisée pour vous indiquer de saisir votre résultat total (TEPA + Fillon) manuellement dans un premier temps pour tester la validité de votre trame. Pensez à bien indiquer le signe " - " après le "=" pour que cet allègement se porte en négatif et donc bien en déduction du total de vos cotisations salariales situé en I60		
I60	=I58+I59		

Une fois ces formules en place, votre ZONE N°3 est opérationnelle. Vous pouvez la tester en modulant les données dans votre feuille « Salariés ».

Si tout fonctionne correctement vous pouvez passer aux formules de la ZONE N°4.

FORMULES DE CALCULS - ZONE N°4

	A	B	C	D	E	F	G	H	I
61			NET IMPOSABLE						=I24-F60-I29-F56-F57-I22-I23
62									
63									
64									
65									
66									
67				NET A PAYER AVANT IMPÔT SUR LE REVENU					=I24-F60+I62+I63+I64+I65+I66
68			Dont évolution de la rémunération liée à la suppression des cotisations chômage et maladie						=E100
69	Impôt sur le revenu		Base		Taux personnalisé		Taux neutre		Montant
70	Impôt prélevé à la source		=SI(I61>0,01;I61;0)		=SI(Salariés!B17<>0;Sala		=SI(D70>0;0;RECHERCHE		=SI(D70>0;D70*C70;F70*C70)
71							NET A PAYER EN EUROS		=-I67-I70

Cellules	Formules	Lecture de la formule	Objectif de la formule
ZONE N°4			
I61	=I24-F60+I29+F56+F57-I22-I23	Salaire brut - total des charges salariales + part patronale de complémentaire santé + CSG/CRDS NON DÉD.de l'impôt sur le revenu + CSG/CRDS NON DÉD.de l'impôt sur le revenu sur HS ET HC - Montant des heures supplémentaires du mois	Bon à savoir : les heures supplémentaires sont déductibles de l'impôt dans la limite de 5000€ par an
DE I62 A I66	Les lignes de bas de bulletin vous permettront d'intégrer tous les éléments non soumis à charges sociales (indemnités, primes non soumises, acomptes, réintégrations, avantges, IJ, TR, saisies etc…). Dans cette partie, il vous faudra juste penser à entrer les montants en positif ou en négatif en fonction qu'ils sont à ajouter ou à retirer du salaire net a payer avant PAS (afin que le calcul de la somme faite en I67 soit exact).		
I67	=I24-F60+I62+I63+I64+I65+I66	Salaire brut - total des charges salariales + lignes de bas de bulletin (qui doivent avoir été portées sous la forme de montants positifs ou en négatifs en fonction qu'ils sont à ajouter ou à retirer du salaire afin que cette formule fonctionne correctement)	
I68	=E101	E101 étant pour mémo la cellule indiquant le total de votre petit tableau récapitulatif de la ligne "Dont évolution de la rémunération due à la suppression des cotisations chômage et maladie" situé sous votre bulletin de salaire	
C70	=SI(I61>0;I61;0)	Si le salaire net imposable est supérieur à 0 alors indiquer le montant situé en I61 sinon ne rien indiquer	
DE70	=SI(Salariés!B17<>"oui";0;Salariés!B18)	Si la mention en B17 du tableau "Salariés" est différente de "oui" (indiquant que le taux personnalisé n'est pas connu) alors indiquer 0 sinon afficher la valeur du taux personnalisé mentionné en B18 du tableau "Salariés"	Permet d'éviter qu'un taux neutre ne soit calculé lorsque le taux personnalisé est de 0%
FG70	=SI(Salariés!B17<>"oui";(RECHERCHEV(C70;'PAS Barème'!A4:B24;2));0)	Si la mention en B17 du tableau "Salariés" est différente de "oui" alors faire une recherche verticale de la valeur indiquée en C70 dans le tableau "PAS Barème" et indiquer la valeur de la colonne N°2 correspondante sinon ne rien indiquer	Permet de gérer le taux neutre en automatique sans avoir à le rechercher puis à retranscrire à chaque fois manuellement
I70	=SI(D70>0;D70*C70;F70*C70)	Si le taux personnalisé est supérieur à 0 alors faire taux personnalisé x base sinon faire taux neutre x base	Permet d'aller chercher le taux dans la bonne colonne
I71	=I67-I70		

Une fois ces formules en place, votre ZONE N°4 est opérationnelle.

Si tout fonctionne correctement vous pouvez passer aux formules de la ZONE N°5.

	A	B	C	D	E	F	G	H	I
72	Allègements de cotisations patronales			Total versé par l'employeur				Coût global employeur	
73	Tous allègements hors allègement sur maladie		Allègement sur maladie						
74	=SI(I24<3,5*Cotisations!B76;(I59-(C47*1,8%));I59)		=-SI(I24<=Cotisation	=I24+I60				=+D73	
75	DANS VOTRE INTERET ET POUR VOUS AIDER A FAIRE VALOIR VOS DROITS,CONSERVER CE BULLETIN DE PAIE SANS LIMITATION DE DUREE								
76	Vous pouvez consulter la rubrique dédiée au bulletin de paie sur le portail www.service-public.fr								

Dans sa version simplifiée, le bulletin de salaire obligatoire pour tous les employeurs depuis le 1er janvier 2018 comporte une nouvelle zone dénommée « Total versé par l'employeur ».

Ainsi selon l'article R 3243-1 du Code du Travail, le montant « « Total versé par l'employeur » correspond à la somme :

- De la rémunération brute
- Des cotisations et contributions à la charge de l'employeur
- Déduction faite des cotisations et exemptions des cotisations et contributions

Le problème dans cette mention c'est qu'en s'en tenant à cette définition stricte fournie par l'administration, il apparaît alors que d'autres éléments, qui sont pourtant à la charge de l'employeur et dont l'inscription est obligatoire selon les termes de l'article R 3243-1, sont alors négligés de ce total ; par exemple on peut citer :

- La participation patronale aux frais de transports collectifs
- La participation patronale aux frais de transports personnels (comme les indemnités kilométriques vélos ou voitures)
- Les indemnités de rupture exonérées de cotisations sociales
- Des remboursements de frais professionnels
- La part patronale des titres restaurants etc…

C'est pourquoi il semble judicieux de prévoir, afin de se conformer à l'article R 3243-1 du Code du Travail, une rubrique supplémentaire de « Coût Global » qui peut ainsi pallier à ce problème d' « exhaustivité » de la rubrique « Total versé par l'employeur ».

Cellules	Formules	Lecture de la formule	Objectif de la formule
ZONE N°5			

**Précision sur les cellules AB74 et C74** : la présentation en deux blocs séparés des "Allègements de cotisations employeur" (un bloc "Tous allègements hors allègement sur maladie" et un bloc "Allègement sur maladie") est vouée à rendre plus aisés la vérification et le ciblage des éventuelles erreurs sur vos bulletins lorsque vous utilisez mes supports. Ces allègements sont généralement regroupés en une seule ligne (vous pourrez donc prévoir ce regroupement une fois que vous serez à l'aise avec votre trame). Pour rappel :

**** L"allègement sur maladie (contrairement aux autres allègements) n'est apparu qu'en 2019 afin de compenser la suppression des CICE (Crédit d'Impôt Compétitivité Emploi) et CITS (Crédit d'Impôt de Taxe sur les Salaires). La cotisation patronale maladie jusqu'alors au taux de 13% avait été diminuée de 6% portant donc la cotisation à 7%,
Cet allègement ne concerne néanmoins que les salaires inférieurs ou égaux à 2.5 SMIC

**** La rubriqe "Tous allègements hors allègement 2019 sur maladie" : iregroupe par conséquent tous les autres types d'allègements patronaux, à savoir les éventuelles réductions :

o Fillon
o Tepa
o Autres à venir ou non applicables à ce cas
o Mais aussi des 1.80% de la rubrique « Famille – Sécurité Sociale » puisque pour rappel la cotisation de base est de 5,25% allégée à 3,45% pour les salaires inférieurs ou égaux à 3,5 SMIC et de 5.25% pour les salaires supérieurs à 3.5 SMIC.

Cellules	Formules	Lecture de la formule	Objectif de la formule
AB74	=SI(I24<Cotisations!B66;(I59-(C47*1,8%));I59)	Si le salaire brut est inférieur à 3,5 SMIC alors indiquer le total des réductions patronales situées en I59 - la base située en C47 x 1,80% sinon indiquer simplement la valeur située en I59	Permet d'inclure ou d'exclure de ce total la réduction de 1,80% sur la cotisation allocations familiales en fonction du fait que le seuil de 3,5 SMIC (qui permet de bénéficier du taux allégé de 3,45% au lieu de 5,25%) est dépassé ou non
C74	= -SI(I24<=Cotisations!B65;(C28*6%);0)	Si le salaire brut est inférieur ou égal à 2,5 SMIC alors indiquer la valeur correspondant à 6% de la base indiquée en C28 sinon ne rien indiquer	Permet de faire ressortir le montant de la réduction de 6% sur la cotisation SSMID de la ligne 26 en fonction du fait que le seuil de 2,5 SMIC (qui permet de bénéficier du taux allégé de 7% au lieu de 13%) est dépassé ou non
DG73/74	=I24+I60		
HI73/74	=D73 (+éventuellement les autres charges imputées à l'employeur **(*)**	(*) Dans sa version simplifiée, le bulletin de salaire obligatoire pour tous les employeurs depuis le 1er janvier 2018 comporte une nouvelle zone dénommée « Total versé par l'employeur ». Ainsi selon l'article R 3243-1 du Code du Travail, le montant « « Total versé par l'employeur » correspond à la somme : • De la rémunération brute • Des cotisations et contributions à la charge de l'employeur • Déduction faite des cotisations et exemptions des cotisations et contributions. Le problème dans cette mention c'est qu'en s'en tenant à cette définition stricte fournie par l'administration, il apparaît alors que d'autres éléments, qui sont pourtant à la charge de l'employeur et dont l'inscription est obligatoire selon les termes de l'article R 3243-1, sont alors négligés de ce total ; par exemple on peut citer : La participation patronale aux frais de transports collectifs • La participation patronale aux frais de transports personnels (comme les indemnités kilométriques vélos ou voitures) • Les indemnités de rupture exonérées de cotisations sociales • Des remboursements de frais professionnels • La part patronale des titres restaurants etc… C'est pourquoi il semble judicieux de prévoir, afin de se conformer à l'article R 3243-1 du Code du Travail, une rubrique supplémentaire de « Coût Global » qui peut ainsi pallier à ce problème d' « exhaustivité » de la rubrique « Total versé par l'employeur».	

Une fois ces formules en place, votre ZONE N°5 est opérationnelle.

78	A	B	C	D	E
79		AUTRES CONTRIBUTIONS DUES PAR L'EMPLOYEUR			
80			BASES	TAUX	MONTANT
81		Contribution solidarité autonomie			
82		Contribution au dialogue social			
83		FNAL < 50			
84		FNAL >=50			
85		Taxe d'apprentissage			
86		Formation professionnelle			
87		Formation professionnelle 1% CDD			
88		Participation effort construction >=50			
89		Versement mobilité 11 et +			
90		TOTAL			
91		Taxe sur les salaires	Variable à renseigner	Variable à renseigner	
92		CSA (Contrib.supp.à l'apprentissage)+ de 250 salariés		Variable à renseigner	

LIGNE N°1 DES "AUTRES CONTRIBUTIONS DUES PAR L'EMPLOYEUR"

C81	=I24		
C82	=I24		
C83	=SI(I24<C26;I24;C26)	Si le salaire brut est inférieur à la tranche A du mois alors indiquer le salaire brut sinon indiquer la tranche A du mois	Permet de limiter la cotisation FNAL des entreprises de moins de 50 salariés à la tranche A du mois
C84	=SI(D84<>0;I24;0)	Si un taux est renseigné en D84 (ligne FNAL pour les entreprises de 50 salariés et plus) alors indiquer le salaire sinon ne rien indiquer	Permet de ne renseigner une base que si l'entreprise est concernée par le taux FNAL 50 salariés et plus
C85	=I24		
C86	=I24		
C87	=I24		
C88	=I24		
C89	=C81		
C91	Variable à renseigner		
C92	=I24		
D81	=Cotisations!C13		
D82	=Cotisations!C22		
D83	=SI(Employeur!B15<50;Cotisations!C14;0)	Si l'effectif renseigné en B15 du tableau "Employeur" est inférieur à 50 alors indiquer le taux situé en C14 du tableau "Cotisations" sinon ne rien indiquer	Permet de ne renseigner un taux que si l'entreprise est concernée par le taux FNAL moins de 50 salariés
D84	=SI(Employeur!B15>=50;Cotisations!C15;0)	Si l'effectif renseigné en B15 du tableau "Employeur" est supérieur ou égal à 50 alors indiquer le taux situé en C15 du tableau "Cotisations" sinon ne rien indiquer	Permet de ne renseigner un taux que si l'entreprise est concernée par le taux FNAL de 50 salariés et plus
D85	=SI(Employeur!C11<>"OUI";Cotisations!C36;Cotisations!C37)	Si la cellule C11 du tableau "Employeur" (cellule indiquant si l'employeur est situé dans la région Alsace-Moselle) est différente de "oui" alors indiquer le taux situé en C36 du tableau "Cotisations" sinon indiquer le taux situé en C37 du tableau "Cotisations"	Permet de moduler le taux en foction du fait que l'employeur est situé ou non dans la région Alsace-Moselle

D86	=SI(Employeur!B15<11;Cotisations!C40;Cotisations!C41)	Si l'effectif renseigné en B15 du tableau "Employeur" est inférieur à 11 alors indiquer le taux situé en C40 du tableau "Cotisations" sinon indiquer le taux situé en C41 du tableau "Cotisations"	Permet de moduler le taux en fonction de l'effectif
D87	=SI(E13<>"CDD";0;Cotisations!C42)	Si la mention portée en E13 (cellule indiquant la nature du contrat de travail) est différente de "CDD" alors ne rien renseigner sinon indiquer le taux situé en C42 du tableau "Cotisations"	Permet de gérer la cotisation supplémentaire pour les CDD
D88	=SI(Employeur!B15<50;0;Cotisations!C44)	Si l'effectif renseigné en B15 du tableau "Employeur" est inférieur à 50 alors ne rien indiquer sinon indiquer le taux situé en C44 du tableau "Cotisations"	Permet de ne renseigner le taux que si le seuil de 50 salariés est atteint
D89	=SI(Employeur!B15<11;0;Employeur!C31)	Si l'effectif renseigné en B15 du tableau "Employeur" est inférieur à 11 alors ne rien indiquer sinon indiquer le taux situé en C31 du tableau "Employeur"	Permet de ne renseigner le taux que si le seuil de 11 salariés est atteint
D90	=SOMME(D81:D89)		
D91	Variable à renseigner		
D92	Variable à renseigner		
E81	=D81*C81		
E82	=D82*C82		
E83	=D83*C83		
E84	=D84*C84		
E85	=D85*C85		
E86	=D86*C86		
E87	=D87*C87		
E88	=D88*C88		
E89	=D89*C89		
E90	=SOMME(E81:E89)		
E91	Variable à renseigner		
E92	Variable à renseigner		

FORMULES DE CALCULS DU TABLEAU N°7 – Ligne « Dont évolution de la rémunération liée à la suppression des cotisations chômage et maladie »

94	A	B	C	D	E
95		Évolution de la rémunération liée à la suppression des cotisations chômage et maladie et à			
96		l'agmentation des CSG/CRDS			
97			BASES	TAUX	MONTANT
98		Maladie			
99		Chômage			
100		CSG/CRDS			
101				TOTAL	

Cellules	Formules	Lecture de la formule	Objectif de la formule
Rubrique "Dont évolution de la rémunération liée à la suppression des cotisations chômage et maladie"			
C98	=C28		
C99	=C48		
C100	=C55+C57		
D98	0,75%		
D99	2,40%		
D100	-1,70%		
E98	=C98*D98		
E99	=C99*D99		
E100	=C100*D100		
E101	=SOMME(E98:E100)		

Vos tableaux sont désormais en place ; comme précédemment n'hésitez pas à les tester.

Si tout fonctionne correctement, félicitations, votre trame est officiellement terminée !

Nous allons désormais pouvoir la tester sur des exemples concrets.

ÉTAPE N°4

Tests de vérification de votre trame

Vous allez à présent tester différentes situations avec les données fournies ci-après, afin de vérifier que votre trame répond bien, notamment en termes de gestion des taux (en fonction des conditions et plafonds) et d'affichage conditionnel des données (salaire dépassant les seuils et salaire à 0).

Pour la partie employeur et identification du salarié, nous garderons sur tous les exemples les mêmes coordonnées, ces parties ne devant poser de problème particulier.

Vous renseignerez donc les tableaux nécessaires avec les données suivantes :

- **EMPLOYEUR** : ALLO'RIZON – Avenue de la Libération – 24130 LA FORCE
- Siret : 833 172 444 00021 APE : 6190Z, Urssaf : 511 188 422 577
- Convention collective des Télécommunications.

- **SALARIÉ** : LÉVEIL Vincent
- Emploi : Expert réseaux et diagnostics
- N°SS : 1 79 03 49 099 267
- Adresse : LD La Vallée Fleurie – 24130 LA FORCE
- Matricule : 11
- Date d'entrée : 01/02/2019
- Contrat : CDI
- Niveau I, Coefficient 275

Test N°1

*********************************** **Test N°1** ***********************************

Vous allez pour ce test prendre les éléments suivants :

- 8 salariés, 35 heures par semaine sur 5 jours
- Statut : non cadre
- Régime de prévoyance (incapacité, invalidité, décès) et frais de santé à caractère collectif et obligatoire financés par des cotisations sur le salaire brut
  - Taux cotisation Prévoyance : 2.10% (répartition : 30% charge salarié, 70% charge employeur)
  - Taux cotisation Santé : 3% (répartition : 40% charge salarié, 60% charge employeur)

  Le salarié dispose néanmoins d'une dispense d'adhésion légale pour les deux régimes.

- Taux PAS non connu
- Taux AT : 1.30%
- Versement mobilité : 0.50%
- Salaire brut horaire : SMIC

Le bulletin en page suivante présente le résultat que vous devez obtenir.

Commentaires sur le corrigé :

- La dispense d'adhésion doit avoir été prise en compte dans votre saisie
- Le versement mobilité ne paraît pas du fait de l'effectif
- La réduction Fillon correspond au calcul suivant :

Taux T = 0.3206
SB du mois = 1 589.47
SMIC du mois = 1 589.47
Coefficient = (0,3206 / 0,6) x [(1,6 x 1 589.47 / 1 589.47) – 1] = 0.5343 x 0.6 = 0.3206
**Réduction** = _0.3206 x 1 589.47 = **509.59€**_

BULLETIN DE SALAIRE

EMPLOYEUR		SALARIÉS			
Nom	**ALLO'RIZON**	Nom	**LÉVEIL**		
Adresse	**Avenue de la Libération**	Prénom	**Vincent**		
		Emploi	**Expert réseaux et diagnostics**		
	24130 LA FORCE	Matricule	**11**		
N° Siret	**83 317 244 400 021**	Coeff./Indice	**275** Niveau	**I**	Echelon
Code APE	**6190Z**	N° de S.S.	**1 79 03 49 099 267**		
URSSAF	**511 188 422 577**	Adresse	**LD La Vallée Fleurie**		
Convention Collective	**Convention collective des Télécommunications**		**24130 LA FORCE**		
		Entrée	**01/02/2019**	Sortie	
Date de paiement	**30/11/2021**	Virement	Contrat	**CDI**	Statut	**Non cadre**

PÉRIODE DU			01/11/2021	AU	30/11/2021
			Base	**Taux**	
Salaire de base			151,67	10,4800	1 589,50
				SALAIRE BRUT TOTAL	**1 589,50**

COTISATIONS ET CONTRIBUTIONS SOCIALES	BASES	RETENUES SALARIALES		CHARGES PATRONALES	
Plafond S.S. du mois	*3 428,00*	TAUX	MONTANTS	TAUX	MONTANTS
SANTÉ					
Sécurité Sociale Maladie, Maternité, Invalidité, Décès	1 589,50			7,00%	111,27
ACCIDENT DU TRAVAIL-MALADIE PROFESSIONNELLE	1 589,50			1,30%	20,66
RETRAITE					
Sécurité Sociale Vieillesse plafonnée	1 589,50	6,90%	109,68	8,55%	135,90
Sécurité Sociale Vieillesse déplafonnée	1 589,50	0,40%	6,36	1,90%	30,20
Retraite complémentaire Tranche 1	1 589,50	3,15%	50,07	4,72%	75,02
Contribution d'Equilibre Général CEG sur tranche 1	1 589,50	0,86%	13,67	1,29%	20,50
FAMILLE	1 589,50			3,45%	54,84
ASSURANCE CHÔMAGE (y compris AGS)	1 589,50			4,20%	66,76
AUTRES CONTRIBUTIONS DUES PAR L'EMPLOYEUR	1 589,50			1,646%	26,16
CSG DÉDUCTIBLE de l'impôt sur le revenu	1 561,68	6,80%	106,19		
CSG/CRDS NON DÉD.de l'impôt sur le revenu	1 561,68	2,90%	45,29		
		SOUS-TOTAL	**331,26**		**541,31**
ALLÈGEMENTS DES COTISATIONS					-509,59
		TOTAL DES COTISATIONS	**331,26**		**31,72**
		NET IMPOSABLE			**1 303,53**

			NET A PAYER AVANT IMPÔT SUR LE REVENU	**1 258,24**
		Dont évolution de la rémunération liée à la suppression des cotisations chômage et maladie		23,52

Impôt sur le revenu	Base	Taux personnalisé	Taux neutre	Montant
Impôt prélevé à la source	1 303,53			
			NET A PAYER EN EUROS	**1 258,24**

Allègements de cotisations patronales		Total versé par l'employeur	Coût global employeur
Tous allègements hors allègement sur maladie	Allègement sur maladie	1 621,22	1 621,22
-538,20	-95,37		

DANS VOTRE INTERET ET POUR VOUS AIDER A FAIRE VALOIR VOS DROITS,CONSERVER CE BULLETIN DE PAIE SANS LIMITATION DE DUREE

Vous pouvez consulter la rubrique dédiée au bulletin de paie sur le portail www.service-public.fr

AUTRES CONTRIBUTIONS DUES PAR L'EMPLOYEUR			
	BASES	TAUX	MONTANT
Contribution solidarité autonomie	1 589,50	0,30%	4,77
Contribution au dialogue social	1 589,50	0,016%	0,25
FNAL < 50	1 589,50	0,10%	1,59
FNAL >=50			
Taxe d'apprentissage	1 589,50	0,68%	10,81
Formation professionnelle	1 589,50	0,55%	8,74
Formation professionnelle 1% CDD	1 589,50		
Participation effort construction >=50	1 589,50		
Versement mobilité 11 et +	1 589,50		
TOTAL		1,646%	26,16
Taxe sur les salaires	Variable à renseigner	Variable à renseigner	
CSA (Contrib.supp.à l'apprentissage)+ de 250 salariés	1 589,50	Variable à renseigner	

Évolution de la rémunération liée à la suppression des cotisations chômage et maladie et à l'agmentation des CSG/CRDS			
	BASES	TAUX	MONTANT
Maladie	1 589,50	0,75%	11,92
Chômage	1 589,50	2,40%	38,15
CSG/CRDS	1 561,68	-1,70%	-26,55
		TOTAL	23,52

Vous allez pour ce test uniquement faire varier deux points (par rapport au test N°1) :

- Effectif : 27
- Région Alsace-Moselle : OUI

Le bulletin en page suivante présente le résultat que vous devez obtenir.

Commentaires sur le corrigé :

- La cotisation SSMID côté salarié (ligne 28de votre bulletin) s'est bien mise à jour pour 1.50% du fait de la condition région Alsace-Moselle
- La cotisation Taxe d'Apprentissage côté patronal (ligne 85 de votre tableau « Autres contributions dues par l'employeur ») s'est bien mise à jour à0.44% au lieu de 0.68% du fait de la condition région Alsace-Moselle
- Le versement mobilité paraît désormais du fait de l'effectif
- La réduction Fillon est inchangée puisqu'aucun élément de rémunération n'a été touché (seules les charges ont augmenté)

EMPLOYEUR		SALARIÉS					
Nom	ALLO'RIZON	Nom	LÉVEIL				
Adresse	Avenue de la Libération	Prénom	Vincent				
		Emploi	Expert réseaux et diagnostics				
	24130 LA FORCE	Matricule	11				
N° Siret	83 317 244 400 021	Coeff./Indice	275	Niveau	I	Echelon	
Code APE	6190Z	N° de S.S.	1 79 03 49 099 267				
URSSAF	511 188 422 577	Adresse	LD La Vallée Fleurie				
Convention Collective	Convention collective des Télécommunications		24130 LA FORCE				
		Entrée	01/02/2019	Sortie			
Date de paiement	30/11/2021	Virement	Contrat	CDI	Statut		Non cadre

PÉRIODE DU			01/11/2021	AU	30/11/2021

	Base	Taux	
Salaire de base	151,67	10,4800	1 589,50

						SALAIRE BRUT TOTAL	1 589,50

COTISATIONS ET CONTRIBUTIONS SOCIALES	BASES	RETENUES SALARIALES		CHARGES PATRONALES	
Plafond S.S. du mois	3 428,00	TAUX	MONTANTS	TAUX	MONTANTS
SANTÉ					
Sécurité Sociale Maladie, Maternité, Invalidité, Décès	1 589,50	**1,50%**	23,84	7,00%	111,27
ACCIDENT DU TRAVAIL-MALADIE PROFESSIONNELLE	1 589,50			1,30%	20,66
RETRAITE					
Sécurité Sociale Vieillesse plafonnée	1 589,50	6,90%	109,68	8,55%	135,90
Sécurité Sociale Vieillesse déplafonnée	1 589,50	0,40%	6,36	1,90%	30,20
Retraite complémentaire Tranche 1	1 589,50	3,15%	50,07	4,72%	75,02
Contribution d'Equilibre Général CEG sur tranche 1	1 589,50	0,86%	13,67	1,29%	20,50
FAMILLE	1 589,50			3,45%	54,84
ASSURANCE CHÔMAGE (y compris AGS)	1 589,50			4,20%	66,76
AUTRES CONTRIBUTIONS DUES PAR L'EMPLOYEUR	1 589,50			2,356%	37,45
AUTRES CONTRIBUTIONS DUES PAR L'EMPLOYEUR					
CSG DÉDUCTIBLE de l'impôt sur le revenu	1 561,68	6,80%	106,19		
CSG/CRDS NON DÉD.de l'impôt sur le revenu	1 561,68	2,90%	45,29		
		SOUS-TOTAL	355,10		552,60
ALLÈGEMENTS DES COTISATIONS					-509,59
		TOTAL DES COTISATIONS	355,10		43,01
		NET IMPOSABLE			1 279,69

NET A PAYER AVANT IMPÔT SUR LE REVENU	1 234,40
Dont évolution de la rémunération liée à la suppression des cotisations chômage et maladie	23,52

Impôt sur le revenu	Base	Taux personnalisé	Taux neutre		Montant
Impôt prélevé à la source	1 279,69				
				NET A PAYER EN EUROS	1 234,40

Allègements de cotisations patronales		Total versé par l'employeur	Coût global employeur
Tous allègements hors allègement sur maladie	Allègement sur maladie	1 632,51	1 632,51
-538,20	-95,37		

DANS VOTRE INTERET ET POUR VOUS AIDER A FAIRE VALOIR VOS DROITS,CONSERVER CE BULLETIN DE PAIE SANS LIMITATION DE DUREE

Vous pouvez consulter la rubrique dédiée au bulletin de paie sur le portail www.service-public.fr

AUTRES CONTRIBUTIONS DUES PAR L'EMPLOYEUR			
	BASES	TAUX	MONTANT
Contribution solidarité autonomie	1 589,50	0,30%	4,77
Contribution au dialogue social	1 589,50	0,016%	0,25
FNAL < 50	1 589,50	0,10%	1,59
FNAL >=50			
Taxe d'apprentissage	1 589,50	0,44%	6,99
Formation professionnelle	1 589,50	1,00%	15,90
Formation professionnelle 1% CDD	1 589,50		
Participation effort construction >=50	1 589,50		
Versement mobilité 11 et +	1 589,50	0,50%	7,95
TOTAL		2,356%	37,45
Taxe sur les salaires	Variable à renseigner	Variable à renseigner	
CSA (Contrib.supp.à l'apprentissage)+ de 250 salariés	1 589,50	Variable à renseigner	

Évolution de la rémunération liée à la suppression des cotisations chômage et maladie et à l'agmentation des CSG/CRDS			
	BASES	TAUX	MONTANT
Maladie	1 589,50	0,75%	11,92
Chômage	1 589,50	2,40%	38,15
CSG/CRDS	1 561,68	-1,70%	-26,55
		TOTAL	23,52

Vous allez pour ce test uniquement faire varier un point (par rapport au test N°2) :

- Le salarié ne bénéficie pas de dispense de mutuelle et de prévoyance

Le bulletin en page suivante présente le résultat que vous devez obtenir.

Commentaires sur le corrigé :

- Les cotisations de santé et de prévoyance sont bien à jour, entraînant
  - le calcul d'un forfait social au taux de 8%
  - l'inclusion dans les bases CSG/CRDS
  - l'inclusion de la part patronale de cotisation santé dans le net imposable
- La réduction Fillon est inchangée puisqu'aucun élément de rémunération n'a été touché.

BULLETIN DE SALAIRE

EMPLOYEUR			SALARIÉS			
Nom	ALLO'RIZON		Nom	LÉVEIL		
Adresse	Avenue de la Libération		Prénom	Vincent		
			Emploi	Expert réseaux et diagnostics		
	24130 LA FORCE		Matricule	11		
N° Siret	83 317 244 400 021		Coeff./Indice	275 Niveau	I	Echelon
Code APE	6190Z		N° de S.S.	1 79 03 49 099 267		
URSSAF	511 188 422 577		Adresse	LD La Vallée Fleurie		
Convention Collective	Convention collective des Télécommunications			24130 LA FORCE		
			Entrée	01/02/2019	Sortie	
Date de paiement	30/11/2021	Virement	Contrat	CDI	Statut	Non cadre

PÉRIODE DU		01/11/2021	AU	30/11/2021
		Base	Taux	
Salaire de base		151,67	10,4800	1 589,50

		SALAIRE BRUT TOTAL	1 589,50

COTISATIONS ET CONTRIBUTIONS SOCIALES	BASES	RETENUES SALARIALES		CHARGES PATRONALES	
Plafond S.S. du mois	3 428,00	TAUX	MONTANTS	TAUX	MONTANTS
SANTÉ					
Sécurité Sociale Maladie, Maternité, Invalidité, Décès	1 589,50	**1,50%**	23,84	7,00%	111,27
Complémentaire Santé	1 589,50	1,20%	19,07	1,80%	28,61
Prévoyance	1 589,50	0,63%	10,01	1,47%	23,37
ACCIDENT DU TRAVAIL-MALADIE PROFESSIONNELLE	1 589,50			1,30%	20,66
RETRAITE					
Sécurité Sociale Vieillesse plafonnée	1 589,50	6,90%	109,68	8,55%	135,90
Sécurité Sociale Vieillesse déplafonnée	1 589,50	0,40%	6,36	1,90%	30,20
Retraite complémentaire Tranche 1	1 589,50	3,15%	50,07	4,72%	75,02
Contribution d'Equilibre Général CEG sur tranche 1	1 589,50	0,86%	13,67	1,29%	20,50
FAMILLE	1 589,50			3,45%	54,84
ASSURANCE CHÔMAGE (y compris AGS)	1 589,50			4,20%	66,76
AUTRES CONTRIBUTIONS DUES PAR L'EMPLOYEUR	1 589,50			2,356%	37,45
AUTRES CONTRIBUTIONS DUES PAR L'EMPLOYEUR	51,98			8,00%	4,16
CSG DÉDUCTIBLE de l'impôt sur le revenu	1 613,66	6,80%	109,73		
CSG/CRDS NON DÉD.de l'impôt sur le revenu	1 613,66	2,90%	46,80		
		SOUS-TOTAL	389,23		608,74
ALLÈGEMENTS DES COTISATIONS					-509,59
		TOTAL DES COTISATIONS	389,23		99,15
		NET IMPOSABLE			1 275,68

NET A PAYER AVANT IMPÔT SUR LE REVENU	1 200,27
Dont évolution de la rémunération liée à la suppression des cotisations chômage et maladie	22,64

Impôt sur le revenu	Base	Taux personnalisé	Taux neutre	Montant
Impôt prélevé à la source	1 275,68			

	NET A PAYER EN EUROS	1 200,27

Allègements de cotisations patronales	Allègement sur maladie	Total versé par l'employeur	Coût global employeur
Tous allègements hors allègement sur maladie		1 688,65	1 688,65
-538,20	-95,37		

DANS VOTRE INTERET ET POUR VOUS AIDER A FAIRE VALOIR VOS DROITS,CONSERVER CE BULLETIN DE PAIE SANS LIMITATION DE DUREE

Vous pouvez consulter la rubrique dédiée au bulletin de paie sur le portail www.service-public.fr

AUTRES CONTRIBUTIONS DUES PAR L'EMPLOYEUR			
	BASES	TAUX	MONTANT
Contribution solidarité autonomie	1 589,50	0,30%	4,77
Contribution au dialogue social	1 589,50	0,016%	0,25
FNAL < 50	1 589,50	0,10%	1,59
FNAL >=50			
Taxe d'apprentissage	1 589,50	0,44%	6,99
Formation professionnelle	1 589,50	1,00%	15,90
Formation professionnelle 1% CDD	1 589,50		
Participation effort construction >=50	1 589,50		
Versement mobilité 11 et +	1 589,50	0,50%	7,95
TOTAL		2,356%	37,45
Taxe sur les salaires	Variable à renseigner	Variable à renseigner	
CSA (Contrib.supp.à l'apprentissage)+ de 250 salariés	1 589,50	Variable à renseigner	

Évolution de la rémunération liée à la suppression des cotisations chômage et maladie et à l'agmentation des CSG/CRDS			
	BASES	TAUX	MONTANT
Maladie	1 589,50	0,75%	11,92
Chômage	1 589,50	2,40%	38,15
CSG/CRDS	1 613,66	-1,70%	-27,43
		TOTAL	22,64

Vous allez pour ce test prendre les éléments suivants

- 74 salariés, 35 heures par semaine sur 5 jours
- Statut : Cadre, Salaire brut : forfait annuel 211 jours - 8000€/mois
- Régime de prévoyance (incapacité, invalidité, décès) et frais de santé à caractère collectif et obligatoire financés par des cotisations sur le salaire brut
  - o Taux cotisation Prévoyance : 2.20% (répartition : 30% charge salarié, 70% charge employeur)
  - o Taux cotisation Santé : 2.80% (répartition : 40% charge salarié, 60% charge employeur)
- Contrat de retraite supplémentaire : 1% du salaire brut part salariale et 2% du salaire brut part patronale
- Taux PAS personnalisé : 11%
- Taux AT : 1.30%
- Versement mobilité : 1%

Le bulletin en page suivante présente le résultat que vous devez obtenir.

**Commentaires sur le corrigé** :

- L'effectif fait paraître toutes les cotisations pour les entreprises de 50 salariés et +
- Le statut salarié forfaité entraîne l'affichage des mentions obligatoires (nature : « salarié au forfait » et volume de forfait : Annuel 211 jours)
- Le statut cadre entraîne l'affichage des cotisations spécifiques (APEC)
- Les limites de tranches 1 et 2 et A et B sont calculées
- La retraite supplémentaire fait paraître la ligne de forfait social à 20%
- Les CSG/CRDS prennent en compte la cotisation patronale de retraite supplémentaire

EMPLOYEUR				SALARIÉS				
Nom	**ALLO'RIZON**			Nom	**LÉVEIL**			
Adresse	**Avenue de la Libération**			Prénom	**Vincent**			
				Emploi	**Expert réseaux et diagnostics**			
	24130 LA FORCE			Matricule	**11**			
N° Siret	**83 317 244 400 021**			Coeff./Indice	**275**	Niveau	**I**	Echelon
Code APE	**6190Z**			N° de S.S.	**1 79 03 49 099 267**			
URSSAF	**511 188 422 577**			Adresse	**LD La Vallée Fleurie**			
Convention Collective	**Convention collective des Télécommunications**				**24130 LA FORCE**			
				Entrée	**01/02/2019**	Sortie		
Date de paiement	**30/11/2021**	Virement		Contrat	**CDI**	Statut		**Cadre**

PÉRIODE DU			01/11/2021	AU		30/11/2021
				Base	**Taux**	
Salaire au forfait		Annuel 211 jours		151,67	52,7461	8 000,00

				SALAIRE BRUT TOTAL	8 000,00

COTISATIONS ET CONTRIBUTIONS SOCIALES	BASES	RETENUES SALARIALES		CHARGES PATRONALES	
Plafond S.S. du mois	**3 428,00**	TAUX	MONTANTS	TAUX	MONTANTS
SANTÉ					
Sécurité Sociale Maladie, Maternité, Invalidité, Décès	8 000,00			13,00%	1 040,00
Complémentaire Santé	8 000,00	1,12%	89,60	1,68%	134,40
Prévoyance	8 000,00	0,66%	52,80	1,54%	123,20
ACCIDENT DU TRAVAIL-MALADIE PROFESSIONNELLE	8 000,00			1,30%	104,00
RETRAITE					
Sécurité Sociale Vieillesse plafonnée	3 428,00	6,90%	236,53	8,55%	293,09
Sécurité Sociale Vieillesse déplafonnée	8 000,00	0,40%	32,00	1,90%	152,00
Retraite complémentaire Tranche 1	3 428,00	3,15%	107,98	4,72%	161,80
Retraite complémentaire Tranche 2	4 572,00	8,64%	395,02	12,95%	592,07
Contribution d'Equilibre Général CEG sur tranche 1	3 428,00	0,86%	29,48	1,29%	44,22
Contribution d'Equilibre Général CEG sur tranche 2	4 572,00	1,08%	49,38	1,62%	74,07
Contribution d'Equilibre Technique CET sur tranches 1&2	8 000,00	0,14%	11,20	0,21%	16,80
Retraite Supplémentaire	8 000,00	1,00%	80,00	2,00%	160,00
FAMILLE	8 000,00			5,25%	420,00
ASSURANCE CHÔMAGE (y compris AGS)	8 000,00			4,20%	336,00
APEC (cadres)	8 000,00	0,024%	1,92	0,036%	2,88
AUTRES CONTRIBUTIONS DUES PAR L'EMPLOYEUR	8 000,00			3,946%	315,68
AUTRES CONTRIBUTIONS DUES PAR L'EMPLOYEUR	257,60			8,00%	20,61
AUTRES CONTRIBUTIONS DUES PAR L'EMPLOYEUR	160,00			20,00%	32,00
CSG DÉDUCTIBLE de l'impôt sur le revenu	8 277,60	6,80%	562,88		
CSG/CRDS NON DÉD.de l'impôt sur le revenu	8 277,60	2,90%	240,05		
		SOUS-TOTAL	1888,84		4 022,82
ALLÈGEMENTS DES COTISATIONS					
		TOTAL DES COTISATIONS	1888,84		4 022,82
		NET IMPOSABLE			6 485,61

NET A PAYER AVANT IMPÔT SUR LE REVENU	6 111,16
Dont évolution de la rémunération liée à la suppression des cotisations chômage et maladie	111,28

Impôt sur le revenu	Base	Taux personnalisé	Taux neutre	Montant
Impôt prélevé à la source	6 485,61	11,00%		713,42
			NET A PAYER EN EUROS	5 397,74

Allègements de cotisations patronales		Total versé par l'employeur	Coût global employeur
Tous allègements hors allègement sur maladie	Allègement sur maladie	12 022,82	12 022,82

DANS VOTRE INTERET ET POUR VOUS AIDER A FAIRE VALOIR VOS DROITS,CONSERVER CE BULLETIN DE PAIE SANS LIMITATION DE DUREE

Vous pouvez consulter la rubrique dédiée au bulletin de paie sur le portail www.service-public.fr

AUTRES CONTRIBUTIONS DUES PAR L'EMPLOYEUR			
	BASES	TAUX	MONTANT
Contribution solidarité autonomie	8 000,00	0,30%	24,00
Contribution au dialogue social	8 000,00	0,016%	1,28
FNAL < 50	3 428,00		
FNAL >=50	8 000,00	0,50%	40,00
Taxe d'apprentissage	8 000,00	0,68%	54,40
Formation professionnelle	8 000,00	1,00%	80,00
Formation professionnelle 1% CDD	8 000,00		
Participation effort construction >=50	8 000,00	0,45%	36,00
Versement mobilité 11 et +	8 000,00	1,00%	80,00
TOTAL		3,946%	315,68
Taxe sur les salaires	Variable à renseigner	Variable à renseigner	
CSA (Contrib.supp.à l'apprentissage)+ de 250 salariés	8 000,00	Variable à renseigner	

Évolution de la rémunération liée à la suppression des cotisations chômage et maladie et à l'agmentation des CSG/CRDS			
	BASES	TAUX	MONTANT
Maladie	8 000,00	0,75%	60,00
Chômage	8 000,00	2,40%	192,00
CSG/CRDS	8 277,60	-1,70%	-140,72
		TOTAL	111,28

Test N°5

************************************* **Test N°5** *************************************

Vous allez pour ce test uniquement faire varier un point (par rapport au test N°4) :

- Modifiez la part patronale de prévoyance : passez-la de 1.54% à 0.50%

Le bulletin en page suivante présente le résultat que vous devez obtenir.

Commentaires sur le corrigé :

- Vous constaterez alors que la gestion du minimum de 1.50% de la tranche A pour la prévoyance cadre s'est faite automatiquement : les formules sont venues calculer un taux résiduel à appliquer à la tranche A pour atteindre le minimum de 1.50% (soit 51.42€). Si vous additionnez I30 et I31, vous obtenez bien ces 51.42€, l'ajustement fonctionne donc correctement (0.33% en GH30 est un arrondi de 0.3331%, vous pouvez si vous le souhaitez formater cette cellule à 4 chiffres après la virgule pour la précision).
- Les CSG/CRDS sont également à jour puisque leurs formules incluent la prise en compte de la ligne conditionnelle I31.

BULLETIN DE SALAIRE

EMPLOYEUR			SALARIÉS				
Nom	**ALLO'RIZON**		Nom	**LÉVEIL**			
Adresse	**Avenue de la Libération**		Prénom	**Vincent**			
			Emploi	**Expert réseaux et diagnostics**			
	24130 LA FORCE		Matricule	**11**			
N° Siret	**83 317 244 400 021**		Coeff./Indice	**275** Niveau	**I**	Echelon	
Code APE	**6190Z**		N° de S.S.	**1 79 03 49 099 267**			
URSSAF	**511 188 422 577**		Adresse	**LD La Vallée Fleurie**			
Convention Collective	**Convention collective des Télécommunications**			**24130 LA FORCE**			
			Entrée	**01/02/2019**	Sortie		
Date de paiement	**30/11/2021**	Virement	Contrat	**CDI**	Statut		**Cadre**

PÉRIODE DU		01/11/2021	AU	30/11/2021
			Base	**Taux**	
Salaire au forfait	Annuel 211 jours				8 000,00

| | | | | | **SALAIRE BRUT TOTAL** | 8 000,00 |

COTISATIONS ET CONTRIBUTIONS SOCIALES	BASES	RETENUES SALARIALES		CHARGES PATRONALES	
Plafond S.S. du mois	3 428,00	TAUX	MONTANTS	TAUX	MONTANTS
SANTÉ					
Sécurité Sociale Maladie, Maternité, Invalidité, Décès	8 000,00			13,00%	1 040,00
Complémentaire Santé	8 000,00	1,12%	89,60	1,68%	134,40
Prévoyance	8 000,00	0,66%	52,80	0,50%	40,00
Prévoyance cadres (minimum)	3 428,00			0,3331%	11,42
ACCIDENT DU TRAVAIL-MALADIE PROFESSIONNELLE	8 000,00			1,30%	104,00
RETRAITE					
Sécurité Sociale Vieillesse plafonnée	3 428,00	6,90%	236,53	8,55%	293,09
Sécurité Sociale Vieillesse déplafonnée	8 000,00	0,40%	32,00	1,90%	152,00
Retraite complémentaire Tranche 1	3 428,00	3,15%	107,98	4,72%	161,80
Retraite complémentaire Tranche 2	4 572,00	8,64%	395,02	12,95%	592,07
Contribution d'Equilibre Général CEG sur tranche 1	3 428,00	0,86%	29,48	1,29%	44,22
Contribution d'Equilibre Général CEG sur tranche 2	4 572,00	1,08%	49,38	1,62%	74,07
Contribution d'Equilibre Technique CET sur tranches 1&2	8 000,00	0,14%	11,20	0,21%	16,80
Retraite Supplémentaire	8 000,00	1,00%	80,00	2,00%	160,00
FAMILLE	8 000,00			5,25%	420,00
ASSURANCE CHÔMAGE (y compris AGS)	8 000,00			4,20%	336,00
APEC (cadres)	8 000,00	0,024%	1,92	0,036%	2,88
AUTRES CONTRIBUTIONS DUES PAR L'EMPLOYEUR				3,946%	315,68
AUTRES CONTRIBUTIONS DUES PAR L'EMPLOYEUR	185,82			8,00%	14,87
AUTRES CONTRIBUTIONS DUES PAR L'EMPLOYEUR	160,00			20,00%	32,00
CSG DÉDUCTIBLE de l'impôt sur le revenu	8 205,82	6,80%	558,00		
CSG/CRDS NON DÉD. de l'impôt sur le revenu	8 205,82	2,90%	237,97		
		SOUS-TOTAL	**1881,88**		**3 945,30**
ALLÈGEMENTS DES COTISATIONS					
		TOTAL DES COTISATIONS	**1881,88**		**3 945,30**
		NET IMPOSABLE			**6 490,49**

NET A PAYER AVANT IMPÔT SUR LE REVENU					**6 118,12**
Dont évolution de la rémunération liée à la suppression des cotisations chômage et maladie					112,50

Impôt sur le revenu	Base	Taux personnalisé	Taux neutre		Montant
Impôt prélevé à la source	6 490,49	11,00%			713,95
				NET A PAYER EN EUROS	**5 404,17**

Allègements de cotisations patronales		Total versé par l'employeur	Coût global employeur
Tous allègements hors allègement sur maladie	Allègement sur maladie	11 945,30	11 945,30

DANS VOTRE INTERET ET POUR VOUS AIDER A FAIRE VALOIR VOS DROITS, CONSERVER CE BULLETIN DE PAIE SANS LIMITATION DE DUREE

Vous pouvez consulter la rubrique dédiée au bulletin de paie sur le portail www.service-public.fr

AUTRES CONTRIBUTIONS DUES PAR L'EMPLOYEUR			
	BASES	TAUX	MONTANT
Contribution solidarité autonomie	8 000,00	0,30%	24,00
Contribution au dialogue social	8 000,00	0,016%	1,28
FNAL < 50	3 428,00		
FNAL >=50	8 000,00	0,50%	40,00
Taxe d'apprentissage	8 000,00	0,68%	54,40
Formation professionnelle	8 000,00	1,00%	80,00
Formation professionnelle 1% CDD	8 000,00		
Participation effort construction >=50	8 000,00	0,45%	36,00
Versement mobilité 11 et +	8 000,00	1,00%	80,00
TOTAL		**3,946%**	**315,68**
Taxe sur les salaires	Variable à renseigner	Variable à renseigner	
CSA (Contrib.supp.à l'apprentissage)+ de 250 salariés	8 000,00	Variable à renseigner	

Évolution de la rémunération liée à la suppression des cotisations chômage et maladie et à l'agmentation des CSG/CRDS			
	BASES	TAUX	MONTANT
Maladie	8 000,00	0,75%	60,00
Chômage	8 000,00	2,40%	192,00
CSG/CRDS	8 205,82	-1,70%	-139,50
		TOTAL	112,50

Test N°6

************************************** **Test N°6** **************************************

Vous allez pour ce test uniquement faire varier un point (par rapport au test N°5) :

- Modifiez le salaire et portez-le à 40 000€/bruts mensuels

Le bulletin en page suivante présente le résultat que vous devez obtenir.

Commentaires sur le corrigé :

- Vous constaterez alors la ligne de prévoyance cadre minimum s'est à nouveau correctement mise à jour en repassant à 0 puisque le minimum 1.5% de tranche A est largement respecté.

- Vous pourrez également vérifier que les tranches et limites de tranches se sont mises à jour correctement (nous sommes ici dans le cadre du dépassement de toutes les tranches), tant pour la retraite, que pour les cotisations chômage et APEC ainsi que pour les CSG/CRDS.

- Vous remarquerez enfin que votre ligne « Dont évolution de la rémunération due à la suppression des cotisations chômage et maladie » paraît en négatif ; cela tient simplement au fait que la base de cotisation chômage, qui fait partie des allègements, est plafonnée à TA+TB soit 4 PMSS soit 13 712€, tandis que la base CSG/CRDS, qui elle représente l'augmentation de charges, est en revanche au quasi taux plein soit 41 432.04€. Sur un salaire d'un tel montant, la surcharge dépasse évidemment le bénéfice de l'allègement.

BULLETIN DE SALAIRE

EMPLOYEUR		SALARIÉS	
Nom	ALLO'RIZON	Nom	LÉVEIL
Adresse	Avenue de la Libération	Prénom	Vincent
		Emploi	Expert réseaux et diagnostics
	24130 LA FORCE	Matricule	11
N° Siret	83 317 244 400 021	Coeff./Indice	275 Niveau I Echelon
Code APE	6190Z	N° de S.S.	1 79 03 49 099 267
URSSAF	511 188 422 577	Adresse	LD La Vallée Fleurie
Convention Collective	Convention collective des Télécommunications		24130 LA FORCE
		Entrée	01/02/2019 Sortie
Date de paiement	30/11/2021 Virement	Contrat	CDI Statut Cadre

PÉRIODE DU			01/11/2021	AU	30/11/2021

		Base	Taux	
Salaire au forfait	Annuel 211 jours	151,67	263,7305	40 000,00

		SALAIRE BRUT TOTAL	40 000,00

COTISATIONS ET CONTRIBUTIONS SOCIALES	BASES	RETENUES SALARIALES		CHARGES PATRONALES	
Plafond S.S. du mois	3 428,00	TAUX	MONTANTS	TAUX	MONTANTS
SANTÉ					
Sécurité Sociale Maladie, Maternité, Invalidité, Décès	40 000,00			13,00%	5 200,00
Complémentaire Santé	40 000,00	1,12%	448,00	1,68%	672,00
Prévoyance	40 000,00	0,66%	264,00	0,50%	200,00
ACCIDENT DU TRAVAIL-MALADIE PROFESSIONNELLE	40 000,00			1,30%	520,00
RETRAITE					
Sécurité Sociale Vieillesse plafonnée	3 428,00	6,90%	236,53	8,55%	293,09
Sécurité Sociale Vieillesse déplafonnée	40 000,00	0,40%	160,00	1,90%	760,00
Retraite complémentaire Tranche 1	3 428,00	3,15%	107,98	4,72%	161,80
Retraite complémentaire Tranche 2	23 996,00	8,64%	2073,25	12,95%	3 107,48
Contribution d'Equilibre Général CEG sur tranche 1	3 428,00	0,86%	29,48	1,29%	44,22
Contribution d'Equilibre Général CEG sur tranche 2	23 996,00	1,08%	259,16	1,62%	388,74
Contribution d'Equilibre Technique CET sur tranches 1&2	27 424,00	0,14%	38,39	0,21%	57,59
Retraite Supplémentaire	40 000,00	1,00%	400,00	2,00%	800,00
FAMILLE	40 000,00			5,25%	2 100,00
ASSURANCE CHÔMAGE (y compris AGS)	13 712,00			4,20%	575,90
APEC (cadres)	13 712,00	0,024%	3,29	0,036%	4,94
AUTRES CONTRIBUTIONS DUES PAR L'EMPLOYEUR					1 578,40
AUTRES CONTRIBUTIONS DUES PAR L'EMPLOYEUR	872,00			8,00%	69,76
AUTRES CONTRIBUTIONS DUES PAR L'EMPLOYEUR	800,00			20,00%	160,00
CSG DÉDUCTIBLE de l'impôt sur le revenu	41 432,04	6,80%	2817,38		
CSG/CRDS NON DÉD.de l'impôt sur le revenu	41 432,04	2,90%	1201,53		
		SOUS-TOTAL	8038,99		16 693,92
ALLÈGEMENTS DES COTISATIONS					
	TOTAL DES COTISATIONS		8038,99		16 693,92
	NET IMPOSABLE				33 834,54

NET A PAYER AVANT IMPÔT SUR LE REVENU	**31 961,01**
Dont évolution de la rémunération liée à la suppression des cotisations chômage et maladie	-75,25

Impôt sur le revenu	Base	Taux personnalisé	Taux neutre	Montant
Impôt prélevé à la source	33 834,54	11,00%		3 721,80
			NET A PAYER EN EUROS	28 239,21

Allègements de cotisations patronales		Total versé par l'employeur	Coût global employeur
Tous allègements hors allègement sur maladie	Allègement sur maladie	56 693,92	56 693,92

DANS VOTRE INTERET ET POUR VOUS AIDER A FAIRE VALOIR VOS DROITS,CONSERVER CE BULLETIN DE PAIE SANS LIMITATION DE DUREE

Vous pouvez consulter la rubrique dédiée au bulletin de paie sur le portail www.service-public.fr

AUTRES CONTRIBUTIONS DUES PAR L'EMPLOYEUR			
	BASES	TAUX	MONTANT
Contribution solidarité autonomie	40 000,00	0,30%	120,00
Contribution au dialogue social	40 000,00	0,016%	6,40
FNAL < 50	3 428,00		
FNAL >=50	40 000,00	0,50%	200,00
Taxe d'apprentissage	40 000,00	0,68%	272,00
Formation professionnelle	40 000,00	1,00%	400,00
Formation professionnelle 1% CDD	40 000,00		
Participation effort construction >=50	40 000,00	0,45%	180,00
Versement mobilité 11 et +	40 000,00	1,00%	400,00
TOTAL		3,946%	1578,40
Taxe sur les salaires	Variable à renseigner	Variable à renseigner	
CSA (Contrib.supp.à l'apprentissage)+ de 250 salariés	40 000,00	Variable à renseigner	

Évolution de la rémunération liée à la suppression des cotisations chômage et maladie et à l'agmentation des CSG/CRDS			
	BASES	TAUX	MONTANT
Maladie	40 000,00	0,75%	300,00
Chômage	13 712,00	2,40%	329,09
CSG/CRDS	41 432,04	-1,70%	-704,34
		TOTAL	-75,25

Test N°7

Sans entrer dans le détail du cas particulier des cotisations de santé lors des absences spécifiques entraînant un salaire nul *(1)*, que vous aborderez au cours de votre formation, le principe général est qu'en l'absence de rémunération, la couverture santé est suspendue, sauf accord collectif ou convention collective contraire. Le 1ᵉʳ réflexe est donc de vérifier ce qui est prévu, et dans votre accord, et dans votre contrat, avec l'organisme de prévoyance.

Par ailleurs, certains accords et contrats frais de santé prévoient que le salarié peut continuer à bénéficier de la garantie, à condition de verser personnellement les parts salariale et patronale de la cotisation : dans ce cas, il règle le total à l'organisme, sans intervention de l'employeur.

(1) Cas des absences pour congé parental « total », congé sabbatique, de création d'entreprise, mais aussi les absences « classiques » de maladie, maternité etc…, lorsque le salarié n'a pas l'ancienneté suffisante pour bénéficier du maintien de salaire, ou dont l'arrêt se prolonge au-delà de la période de maintien.

Vous allez pour ce test uniquement faire varier quatre points (par rapport au test N°6) :

- Repassez le salarié en statut « Non cadre »
- Modifiez la base de calcul de la cotisation de santé : nous allons considérer que celle-ci est à présent calculée sur la base de 1 PMSS (et ce quelque soit le salaire et le statut du salarié) et que la convention prévoit un maintien de garantie en cas d'absence prolongée sans salaire, moyennant la prise en charge par le salarié de sa part habituelle.
- Considérez maintenant le salarié en congé parental et portez le salaire à 0.

Le bulletin en page suivante présente le résultat que vous devez obtenir.

Commentaires sur le corrigé *:*

Vous pourrez alors constater que votre bulletin prend en compte la cotisation de santé, entraînant un bulletin à solde négatif (et d'autre part, que plus aucun taux de cotisation ne s'affiche sans que cela génère de retour d'erreur « VALEUR », d'où l'intérêt des formules conditionnelles).

Le salarié est donc redevable dans notre cas de : 43.98€ au titre de ses cotisations et charges + 1.68€ au titre du PAS (puisque c'est l'employeur qui va l'acquitter directement auprès du service des impôts) soit **45.66€.**

Dans ces cas très particuliers, il est très important de discuter avec le salarié avant son départ des modalités de règlement de ces dus afin de ne pas risquer des incompréhensions.

Par ailleurs, il n'est pas recommandé d'attendre son retour pour faire la déduction globale sur son salaire, notamment dans les cas de longues absences, du fait, d'une part, des règles de compensation du salaire (sur la quotité saisissable) et d'autre part du décalage de trésorerie que le cumul peut engendrer de part et d'autre.

Dans notre trame enfin, les lignes « Prévoyance » et « Retraite supplémentaire » paraissent à zéro, ce qui est un bon mémo afin de se poser les bonnes questions sur le sort de ces cotisations également ; il peut en effet y avoir les mêmes particularités de maintien prévues par certains accords, à toujours vérifier donc !

BULLETIN DE SALAIRE							

EMPLOYEUR

			SALARIÉS				
Nom	**ALLO'RIZON**		Nom	**LÉVEIL**			
Adresse	**Avenue de la Libération**		Prénom	**Vincent**			
			Emploi	**Expert réseaux et diagnostics**			
	24130 LA FORCE		Matricule	**11**			
N° Siret	**83 317 244 400 021**		Coeff./Indice	**275**	Niveau **I**		Echelon
Code APE	**6190Z**		N° de S.S.	**1 79 03 49 099 267**			
URSSAF	**511 188 422 577**		Adresse	**LD La Vallée Fleurie**			
Convention Collective	**Convention collective des Télécommunications**			**24130 LA FORCE**			
			Entrée	**01/02/2019**	Sortie		
Date de paiement	**30/11/2021**	Virement	Contrat	**CDI**	Statut		**Non cadre**

PÉRIODE DU			**01/11/2021**	AU	**30/11/2021**	
				Base	**Taux**	
Salaire au forfait		Annuel 211 jours		151,67		

				SALAIRE BRUT TOTAL	

COTISATIONS ET CONTRIBUTIONS SOCIALES	BASES	RETENUES SALARIALES		CHARGES PATRONALES	
Plafond S.S. du mois	**3 428,00**	**TAUX**	**MONTANTS**	**TAUX**	**MONTANTS**
SANTÉ					
Complémentaire Santé	3 428,00	1,12%	38,39	1,68%	57,59
Prévoyance					
ACCIDENT DU TRAVAIL-MALADIE PROFESSIONNELLE					
RETRAITE					
Retraite Supplémentaire					
FAMILLE					
ASSURANCE CHÔMAGE (y compris AGS)					
AUTRES CONTRIBUTIONS DUES PAR L'EMPLOYEUR					
AUTRES CONTRIBUTIONS DUES PAR L'EMPLOYEUR	57,59			8,00%	4,61
CSG DÉDUCTIBLE de l'impôt sur le revenu	57,59	6,80%	3,92		
CSG/CRDS NON DÉD. de l'impôt sur le revenu	57,59	2,90%	1,67		
		SOUS-TOTAL	**43,98**		**62,20**
ALLÈGEMENTS DES COTISATIONS					
		TOTAL DES COTISATIONS	**43,98**		**62,20**
		NET IMPOSABLE			**15,28**

NET A PAYER AVANT IMPÔT SUR LE REVENU					**-43,98**
Dont évolution de la rémunération liée à la suppression des cotisations chômage et maladie					-0,98

Impôt sur le revenu	Base	Taux personnalisé	Taux neutre		Montant
Impôt prélevé à la source	15,28	11,00%			1,68
				NET A PAYER EN EUROS	**-45,66**

Allègements de cotisations patronales		Total versé par l'employeur	Coût global employeur
Tous allègements hors allègement sur maladie	Allègement sur maladie	62,20	62,20

DANS VOTRE INTERET ET POUR VOUS AIDER A FAIRE VALOIR VOS DROITS, CONSERVER CE BULLETIN DE PAIE SANS LIMITATION DE DUREE

Vous pouvez consulter la rubrique dédiée au bulletin de paie sur le portail www.service-public.fr

AUTRES CONTRIBUTIONS DUES PAR L'EMPLOYEUR			
	BASES	TAUX	MONTANT
Contribution solidarité autonomie		0,30%	
Contribution au dialogue social		0,016%	
FNAL **< 50**			
FNAL **>=50**		0,50%	
Taxe d'apprentissage		0,68%	
Formation professionnelle		1,00%	
Formation professionnelle 1% CDD			
Participation effort construction **>=50**		0,45%	
Versement mobilité **11 et +**		1,00%	
TOTAL		**3,946%**	
Taxe sur les salaires	Variable à renseigner	Variable à renseigner	
CSA (Contrib.supp.à l'apprentissage)+ **de 250 salariés**		Variable à renseigner	

Évolution de la rémunération liée à la suppression des cotisations chômage et maladie et à l'agmentation des CSG/CRDS			
	BASES	TAUX	MONTANT
Maladie		0,75%	
Chômage		2,40%	
CSG/CRDS	57,59	-1,70%	-0,98
		TOTAL	**-0,98**

Test N°8

***************************** **Test N°8** *****************************

Vous allez pour ce test prendre les éléments suivants

- 83 salariés, 35 heures par semaine sur 5 jours
- Statut : Non cadre
- Régime de prévoyance (incapacité, invalidité, décès) et frais de santé à caractère collectif et obligatoire financés par des cotisations sur le salaire brut
  - Taux cotisation Prévoyance : répartition : 0.75% charge salarié, 0.75% charge employeur)
  - Taux cotisation Santé : répartition : 1.24% charge salarié, 1.86% charge employeur)
- Taux PAS personnalisé : non connu
- Taux AT : 2.20%, Versement mobilité : 1.50%
- Salaire brut : 1882.54€/mois + Prime d'ancienneté 50€/mois
- Heures supplémentaires du mois : 11 heures majorables à 25%

Le bulletin en page suivante présente le résultat que vous devez obtenir.

Commentaires sur le corrigé :

- Vous constaterez que l'insertion de lignes en haut de bulletin ne pose pas de problème dans les calculs

- Vous pourrez vérifier que la gestion des heures supplémentaires s'est effectuée convenablement :

  - Majoration du taux (sans tenir compte de la prime d'ancienneté qui ne fait pas partie des éléments à inclure dans le taux à majorer au titre des heures supplémentaires – Voir tableau récapitulatif de « Mon indispensable mémo paie 2021 (…) »)
  - Ajustement du calcul des bases des CSG/CRDS en fonction des heures supplémentaires en lignes 55 et 56
  - Ajout de la ligne « CSG/CRDS non déd.de l'impôt sur le revenu sur HS / HC » pour soumission de 98.25% des heures supplémentaires au taux plein de 9.70%
  - Ajustement du net imposable par rapport aux heures supplémentaires (exclusion du net imposable dans la limite de 5000€/an)
  - Gestion de l'allègement côté salarial après saisi du taux applicable (11.31% pour le cas général)
- La réduction Fillon correspond au calcul suivant :

  Taux T $= 0.3246$
  SB du mois $= 2\ 103.21$
  SMIC du mois $= 1\ 589.47 + (10.48 \times 11) = 1\ 704.75$
  Coefficient $= (\ 0,3246\ /\ 0,6\ ) \times [\ (\ 1,6 \times 1\ 704.75\ /\ 2\ 103.21\ ) - 1\ ] = 0.541 \times 0.2969 = 0.1606$
  Réduction $= 0.1606 \times 1\ 589.47 = \underline{\mathbf{337.77€}}$

BULLETIN DE SALAIRE							

EMPLOYEUR

Nom	ALLO'RIZON
Adresse	Avenue de la Libération
	24130 LA FORCE
N° Siret	83 317 244 400 021
Code APE	6190Z
URSSAF	511 188 422 577
Convention Collective	Convention collective des Télécommunications
Date de paiement	30/11/2021 Virement

SALARIÉS

Nom	LÉVEIL				
Prénom	Vincent				
Emploi	Expert réseaux et diagnostics				
Matricule	11				
Coeff./Indice	275	Niveau	I	Echelon	
N° de S.S.	1 79 03 49 099 267				
Adresse	LD La Vallée Fleurie				
	24130 LA FORCE				
Entrée	01/02/2019	Sortie			
Contrat	CDI	Statut		Non cadre	

PÉRIODE DU			01/11/2021	AU	30/11/2021

	Base	Taux	
Salaire de base	151,67	12,4121	1 882,54
Prime dr'ancienneté			50,00
Nombre d'heures supplémentaires majorées à 25%	11,00	15,5151	170,67
SALAIRE BRUT TOTAL			2 103,21

COTISATIONS ET CONTRIBUTIONS SOCIALES	BASES	RETENUES SALARIALES		CHARGES PATRONALES	
Plafond S.S. du mois	3 428,00	TAUX	MONTANTS	TAUX	MONTANTS
SANTÉ					
Sécurité Sociale Maladie, Maternité, Invalidité, Décès	2 103,21			7,00%	147,22
Complémentaire Santé	2 103,21	1,24%	26,08	1,86%	39,12
Prévoyance	2 103,21	0,75%	15,77	0,75%	15,77
ACCIDENT DU TRAVAIL-MALADIE PROFESSIONNELLE	2 103,21			2,20%	46,27
RETRAITE					
Sécurité Sociale Vieillesse plafonnée	2 103,21	6,90%	145,12	8,55%	179,82
Sécurité Sociale Vieillesse déplafonnée	2 103,21	0,40%	8,41	1,90%	39,96
Retraite complémentaire Tranche 1	2 103,21	3,15%	66,25	4,72%	99,27
Contribution d'Equilibre Général CEG sur tranche 1	2 103,21	0,86%	18,09	1,29%	27,13
FAMILLE	2 103,21			3,45%	72,56
ASSURANCE CHÔMAGE (y compris AGS)	2 103,21			4,20%	88,33
AUTRES CONTRIBUTIONS DUES PAR L'EMPLOYEUR	2 103,21			4,446%	93,51
AUTRES CONTRIBUTIONS DUES PAR L'EMPLOYEUR	54,89			8,00%	4,39
CSG DÉDUCTIBLE de l'impôt sur le revenu	1 953,61	6,80%	132,85		
CSG/CRDS NON DÉD.de l'impôt sur le revenu	1 953,61	2,90%	56,65		
CSG/CRDS non déd.de l'impôt sur le revenu sur HS/HC	167,68	9,70%	16,26		
SOUS-TOTAL			485,48		853,35
ALLÈGEMENTS DES COTISATIONS	170,67	11,31%	-19,30		-337,77
TOTAL DES COTISATIONS			466,18		515,58
NET IMPOSABLE					1 578,39

NET A PAYER AVANT IMPÔT SUR LE REVENU	1 637,03
Dont évolution de la rémunération liée à la suppression des cotisations chômage et maladie	30,19

Impôt sur le revenu	Base	Taux personnalisé	Taux neutre		Montant
Impôt prélevé à la source	1 578,39		2,10%		33,15
NET A PAYER EN EUROS					1 603,88

Allègements de cotisations patronales	Allègement sur maladie	Total versé par l'employeur	Coût global employeur
Tous allègements hors allègement sur maladie		2 618,79	2 618,79
-375,63	-126,19		

DANS VOTRE INTERET ET POUR VOUS AIDER A FAIRE VALOIR VOS DROITS,CONSERVER CE BULLETIN DE PAIE SANS LIMITATION DE DUREE

Vous pouvez consulter la rubrique dédiée au bulletin de paie sur le portail www.service-public.fr

AUTRES CONTRIBUTIONS DUES PAR L'EMPLOYEUR			
	BASES	**TAUX**	**MONTANT**
Contribution solidarité autonomie	2 103,21	0,30%	6,31
Contribution au dialogue social	2 103,21	0,016%	0,34
FNAL **< 50**	2 103,21		
FNAL **>=50**	2 103,21	0,50%	10,52
Taxe d'apprentissage	2 103,21	0,68%	14,30
Formation professionnelle	2 103,21	1,00%	21,03
Formation professionnelle 1% CDD	2 103,21		
Participation effort construction **>=50**	2 103,21	0,45%	9,46
Versement mobilité **11 et +**	2 103,21	1,50%	31,55
TOTAL		**4,446%**	**93,51**
Taxe sur les salaires	Variable à renseigner	Variable à renseigner	
CSA (Contrib.supp.à l'apprentissage)+ **de 250 salariés**	2 103,21	Variable à renseigner	

Évolution de la rémunération liée à la suppression des cotisations chômage et maladie et à l'agmentation des CSG/CRDS			
	BASES	**TAUX**	**MONTANT**
Maladie	2 103,21	0,75%	15,77
Chômage	2 103,21	2,40%	50,48
CSG/CRDS	2 121,29	-1,70%	-36,06
		TOTAL	30,19

****************************** **Test N°9** ******************************

Vous allez pour ce test uniquement faire varier un point (par rapport au test N°8) :

- Indiquez que le taux PAS est personnalisé et de 0%

Le bulletin en page suivante présente le résultat que vous devez obtenir.

__Commentaires sur le corrigé__ :

- Vous pourrez alors constater que les formules permettent au tableur de ne pas confondre le cas taux personnalisé 0% avec le cas taux personnalisé non connu (pour lequel il calculerait alors un taux neutre comme il l'a fait dans le Test N°8).

BULLETIN DE SALAIRE							

EMPLOYEUR | | | **SALARIÉS** |

EMPLOYEUR		SALARIÉS	
Nom	ALLO'RIZON	Nom	LÉVEIL
Adresse	Avenue de la Libération	Prénom	Vincent
		Emploi	Expert réseaux et diagnostics
	24130 LA FORCE	Matricule	11
N° Siret	83 317 244 400 021	Coeff./Indice 275 Niveau I Echelon	
Code APE	6190Z	N° de S.S. 1 79 03 49 099 267	
URSSAF	511 188 422 577	Adresse LD La Vallée Fleurie	
Convention Collective	Convention collective des Télécommunications	24130 LA FORCE	
		Entrée 01/02/2019 Sortie	
Date de paiement 30/11/2021 Virement		Contrat CDI Statut Non cadre	

PÉRIODE DU		01/11/2021	AU	30/11/2021

	Base	Taux	
Salaire de base	151,67	12,4121	1 882,54
Prime dr'ancienneté			50,00
Nombre d'heures supplémentaires majorées à 25%	11,00	15,5151	170,67
		SALAIRE BRUT TOTAL	2 103,21

COTISATIONS ET CONTRIBUTIONS SOCIALES	BASES	RETENUES SALARIALES		CHARGES PATRONALES	
Plafond S.S. du mois	3 428,00	TAUX	MONTANTS	TAUX	MONTANTS
SANTÉ					
Sécurité Sociale Maladie, Maternité, Invalidité, Décès	2 103,21			7,00%	147,22
Complémentaire Santé	2 103,21	1,24%	26,08	1,86%	39,12
Prévoyance	2 103,21	0,75%	15,77	0,75%	15,77
ACCIDENT DU TRAVAIL-MALADIE PROFESSIONNELLE	2 103,21			2,20%	46,27
RETRAITE					
Sécurité Sociale Vieillesse plafonnée	2 103,21	6,90%	145,12	8,55%	179,82
Sécurité Sociale Vieillesse déplafonnée	2 103,21	0,40%	8,41	1,90%	39,96
Retraite complémentaire Tranche 1	2 103,21	3,15%	66,25	4,72%	99,27
Contribution d'Equilibre Général CEG sur tranche 1	2 103,21	0,86%	18,09	1,29%	27,13
FAMILLE	2 103,21			3,45%	72,56
ASSURANCE CHÔMAGE (y compris AGS)	2 103,21			4,20%	88,33
AUTRES CONTRIBUTIONS DUES PAR L'EMPLOYEUR	2 103,21			4,446%	93,51
AUTRES CONTRIBUTIONS DUES PAR L'EMPLOYEUR	54,89			8,00%	4,39
CSG DÉDUCTIBLE de l'impôt sur le revenu	1 953,61	6,80%	132,85		
CSG/CRDS NON DÉD.de l'impôt sur le revenu	1 953,61	2,90%	56,65		
CSG/CRDS non déd.de l'impôt sur le revenu sur HS/HC	167,68	9,70%	16,26		
		SOUS-TOTAL	485,48		853,35
ALLÈGEMENTS DES COTISATIONS	170,67	11,31%	-19,30		-337,77
		TOTAL DES COTISATIONS	466,18		515,58
		NET IMPOSABLE			1 578,39

NET A PAYER AVANT IMPÔT SUR LE REVENU	1 637,03
Dont évolution de la rémunération liée à la suppression des cotisations chômage et maladie	30,19

Impôt sur le revenu	Base	Taux personnalisé	Taux neutre	Montant
Impôt prélevé à la source	1 578,39			
			NET A PAYER EN EUROS	1 637,03

Allègements de cotisations patronales		Total versé par l'employeur	Coût global employeur
Tous allègements hors allègement sur maladie	Allègement sur maladie	2 618,79	2 618,79
-375,63	-126,19		

DANS VOTRE INTERET ET POUR VOUS AIDER A FAIRE VALOIR VOS DROITS,CONSERVER CE BULLETIN DE PAIE SANS LIMITATION DE DUREE

Vous pouvez consulter la rubrique dédiée au bulletin de paie sur le portail www.service-public.fr

AUTRES CONTRIBUTIONS DUES PAR L'EMPLOYEUR			
	BASES	TAUX	MONTANT
Contribution solidarité autonomie	2 103,21	0,30%	6,31
Contribution au dialogue social	2 103,21	0,016%	0,34
FNAL < 50	2 103,21		
FNAL >=50	2 103,21	0,50%	10,52
Taxe d'apprentissage	2 103,21	0,68%	14,30
Formation professionnelle	2 103,21	1,00%	21,03
Formation professionnelle 1% CDD	2 103,21		
Participation effort construction >=50	2 103,21	0,45%	9,46
Versement mobilité 11 et +	2 103,21	1,50%	31,55
TOTAL		**4,446%**	**93,51**
Taxe sur les salaires	Variable à renseigner	Variable à renseigner	
CSA (Contrib.supp.à l'apprentissage)+ de 250 salariés	2 103,21	Variable à renseigner	

Évolution de la rémunération liée à la suppression des cotisations chômage et maladie et à l'agmentation des CSG/CRDS			
	BASES	TAUX	MONTANT
Maladie	2 103,21	0,75%	15,77
Chômage	2 103,21	2,40%	50,48
CSG/CRDS	2 121,29	-1,70%	-36,06
		TOTAL	30,19

Une question sur le contenu de ce livret ? N'hésitez pas à utiliser l'adresse mail de contact :

1sixcent18@gmx.fr

Merci cependant de dédier l'utilisation de cette adresse uniquement aux questions sur les ouvrages ; pour des raisons de temps que vous saurez comprendre, il ne m'est hélas plus possible de donner suite aux demandes de relecture, création ou correction de fiches personnalisées et d'exercices provenant d'autre supports.

Merci pour compréhension et votre confiance, à bientôt !

Printed in France by Amazon
Brétigny-sur-Orge, FR

20349385R00051